ZEITREISE
FREIBURG

ANNE GRIESSER · UTE WEHRLE

ZEITREISE FREIBURG

Menschen, Orte und Ereignisse,
die Geschichte schrieben

SILBERBURG

INHALT

Das Holbeinpferdle als Einhorn.

»Die Wahrheit wird euch frei machen« – so steht es an der Fassade der Universität Freiburg.

Nahe dem Stadttheater (rechts) und der Universitätsbibliothek (links) ist der Synagogenbrunnen ein Ort des Erinnerns an die jüdischen Opfer des Nationalsozialismus.

Vorwort

Schon 1091 haben sich Menschen am Fuß des Schlossbergs angesiedelt, wo der Zähringer Herzog Berthold II. eine Burg errichten ließ. Doch die offizielle Geburtsstunde der Stadt Freiburg schlug 1120, als ihr Konrad von Zähringen das Marktrecht verlieh und Rechte und Pflichten der Bürgerinnen und Bürger in einer umfangreichen Gründungsurkunde festlegte. Durch die reichhaltigen Silbervorkommen am Westrand des Schwarzwalds gelangten die Bewohner schnell zu Wohlstand.

In die Ära der Zähringer fiel auch das um 1170 angelegte Netz der Bächle in den Straßen der Altstadt, das im Mittelalter zur Brauchwasserversorgung und Schmutzwasserentsorgung und nicht zuletzt als Löschwasser diente. Niemand konnte damals ahnen, dass die Bächle heute zu den beliebtesten Fotomotiven zählen.

Mit Berthold V. starb das Zähringer-Geschlecht aus, und die Stadt geriet 1218 unter die Herrschaft der Grafen von Urach, die sich fortan Grafen von Freiburg nannten. Ihr Verhältnis zu den Einwohnern war nicht das beste, denn die kauften sich nach zahlreichen Streitereien, in denen es hauptsächlich ums liebe Geld ging, 1368 mit 15 000 Mark Silber von ihrer ungeliebten Herrschaft frei und begaben sich unter den Schutz des Hauses Habsburg. Ihr Widerspruchsgeist gegen Obrigkeiten hat die Freiburger eben schon immer ausgezeichnet. Der machte sich auch in den 1970er Jahren bemerkbar, als sich viele Freiburger am erfolgreichen Widerstand der Kaiserstühler Bauern gegen das geplante Kernkraftwerk Wyhl beteiligten. In der Folge wurde die Stadt zu einer Hochburg der neu gegründeten Grünen und die Verwandlung vom ehemaligen Fürstensitz zur heutigen Green City endgültig besiegelt.

Die Zeit hat bis heute auch ihre Spuren im Stadtbild hinterlassen. Angefangen vom markantesten Freiburger Wahrzeichen, dem Münster, das gleichermaßen Gläubige und Touristen anlockt. Sein Westturm wurde von dem Schweizer Kunsthistoriker Jacob Burckhardt im Jahr 1869 als »schönster Turm der Christenheit« bezeichnet. Er gilt als architektonisches Meisterwerk der Gotik und diente als Vorbild für unzählige europäische Kirchen. Als Sitz des Erzbistums ist Freiburg ein Zentrum der katholischen Kirche. Am 24. und 25. September 2011 besuchte der damalige Papst Benedikt XVI. die Stadt; Zehntausende von Pilgern feierten mit ihm. Die Veranstaltung war bislang die größte in der Freiburger Geschichte.

Ein Meilenstein in der Stadtgeschichte war 1457 die Gründung der Universität, die zu den ältesten Hochschulen Deutschlands gehört und an der spätere Prominente wie Konrad Adenauer, Edmund Husserl und Edith Stein studierten, um nur einige zu nennen. Eng verbunden mit der heutigen Albert-Ludwigs-Universität sind auch 23 Wissenschaftlerinnen und Wissenschaftler, die den Nobelpreis erhalten haben. Nicht zuletzt war es auch die Freiburger Universität, die in Deutschland 1900 erstmalig Frauen zum Studium zuließ.

Zu den traurigen Kapiteln zählt hingegen der Dreißigjährige Krieg, der genauso seine Opfer forderte wie die beiden Weltkriege. So wurde die Stadt am Abend des 27. Novembers 1944 von der britischen Royal Air Force bombardiert. Rund 2800 Menschen wurden getötet, und nach dem Angriff erhob sich nur noch das Freiburger Münster aus den Trümmern der im nördlichen Teil zerstörten Altstadt.

Das vorliegende Buch taucht in die Historie ein, erinnert an wichtige Ereignisse und Persönlichkeiten der Stadtgeschichte und lädt ein zu einer spannenden Zeitreise durch die bewegte Geschichte Freiburgs.

Ein Werk des Freiburger Bildhauers, Architekten und Malers Johann Christian Wentzinger.

4./5. Jhd. n. Chr.

Frühe Siedlungsspuren

Erst siedelten die Kelten, später kamen die Römer. Entlang des Rheins finden sich ihre Spuren in Hülle und Fülle. Aber in unmittelbarer Nähe des Freiburger Stadtgebietes? Nichts. Oder zumindest fast nichts. Erst im frühen 11. Jahrhundert gibt es ein paar vage schriftliche Hinweise auf kleine Siedlungen (Wiehre und Herdern). Wurde die Stadt also quasi auf der grünen Wiese gegründet, auf einem Areal, auf dem nie zuvor Menschen gelebt hatten?

Lange Zeit ging man davon aus. Doch dann spazierte ein kleiner Junge 1978 zur Ruine der Zähringer Burg (11. Jahrhundert), fand eine bunte Glasperle und brachte sie dem Landesdenkmalamt. Aufregung machte sich breit. Die verzierte Perle stammte aus dem 4. oder 5. Jahrhundert. Sollte es auf dem Zähringer Burgberg etwa eine alamannische Siedlung gegeben haben?

Erste archäologische Untersuchungen bestätigten den Verdacht. So führte das Institut für Ur- und Frühgeschichte der Universität zwischen 1985 und 1990 Grabungen durch. Das Ergebnis übertraf die kühnsten Erwartungen: An einer bedeutenden Höhensiedlung war nicht länger zu zweifeln, zudem fanden sich Spuren einer älteren, keltischen Niederlassung (6. bis 4. Jhd. v. Chr.) und sogar Siedlungsreste aus der Steinzeit (ca. 4000 v. Chr.)!

Unter dem Begriff Alamannen werden mehrere germanische Stämme zusammengefasst, die ab dem 3. Jahrhundert im Südwesten siedelten. Sie besaßen keine übergeordnete Führung, es existierten kleinere Gruppen, die jeweils eigene Fürsten und Könige hatten. Die römische

Terrassenaufbau der Alamannen auf dem Zähringer Burgberg (Rekonstruktion nach Heiko Steuer).

Der gut erhaltene Rundturm der Zähringer Burgruine stammt aus dem 13. Jahrhundert.

Geschichtsschreibung nennt gelegentlich die Namen solcher Herrscher. In den Tälern und an den Flüssen entstanden ländliche Siedlungen, daneben gab es jedoch auch Höhensiedlungen auf den Ausläufern des Schwarzwaldes. Sie unterschieden sich massiv von den Dörfern in den Niederungen – Funde von wertvollen Waffen, kostbarem Schmuck und römischen Handelsgütern belegen dies. Hier lebten keine einfachen Bauern, hier residierte die Elite, eventuell sogar ein König!

Um eine solche Höhensiedlung muss es sich auf dem Zähringer Burgberg gehandelt haben. Nicht nur die kostbaren Amulette, Schwerter und Lanzen, die bei der Ausgrabung zutage traten, deuten darauf hin, sondern vor allem auch ein riesiges Bauunternehmen. Denn die Alamannen haben auf dem Berg ein künstliches terrassiertes Plateau angelegt. Eine echte Großbaustelle war das. Eine Anlage, die Planung, Organisation und vor allem jede Menge Arbeitskraft erforderte. Es mussten schätzungsweise 200 000 Kubikmeter Stein bewegt werden. Solche Anstrengungen lohnten sich nur für ein repräsentatives Bauprojekt wie den Sitz eines Kleinkönigs. Die älteren Siedlungsspuren aus Steinzeit und keltischer Periode wurden von der gewaltigen Terrassenkonstruktion zum Großteil überdeckt. Die Siedlung auf dem Burgberg hatte bis etwa Mitte des 5. Jahrhunderts Bestand.

1120

Die Zähringer gründen Freiburg

Kriegsherren, Bauherren, Städtegründer: Dass heute unzählige Besucher durch die mittelalterlichen Gassen schlendern, sich auf dem Freiburger Markt mit frischem Obst und Gemüse eindecken und dabei das Münster »Unserer Lieben Frau« bewundern können, haben sie den Zähringer Herzögen zu verdanken.

Sie zählten einst zu den einflussreichsten Reichsfürsten; ihre Machtzentren erstreckten sich vom Oberrhein und Schwarzwald bis ins Berner Oberland. Allerdings sollte die Herrschaft der Zähringer über Freiburg nur rund hundert Jahre andauern, denn mit Berthold V. starb das Geschlecht aus. Während dieser Zeit erfuhr die Stadt jedoch einen rasanten Aufstieg, wozu nicht zuletzt die verkehrsgünstige Lage und das reichhaltige Silbervorkommen im Schwarzwald beitrugen.

Berthold II. war der Erste der Dynastie, der sich 1090 im Breisgau sesshaft machte. Er ließ auf dem Berg oberhalb der Siedlung Zähringen eine Burg bauen, die ihm zum einen als Wohnsitz, zum anderen als Namensgeberin für sein Geschlecht diente. Um 1091 entschloss sich Berthold II. jedoch aus handelsstrategischen und militärischen Gründen zum Bau des »Castrum de Friburch« direkt auf dem Schlossberg. Lebten zunächst zu dessen Füßen hauptsächlich Dienstleute und Handwerker, bekamen diese nach und nach immer mehr neue Nachbarn. Auch das Herrschaftsgebiet von Berthold II. wurde größer. Ihm ist unter anderem die Gründung des Benediktinerklosters St. Peter zu verdanken, wo sich die Zähringer fortan bestatten ließen.

Gefördert wurde der Aufstieg des Geschlechts nicht zuletzt durch seine Hochzeit mit Agnes, der Tochter von Rudolf von Rheinfelden, dem Herzog von Schwaben. Mit der Ehe wurden gleich zwei Fliegen mit einer Klappe geschlagen, denn Agnes brachte sowohl Geld als auch königliches Blut in die Zähringer Dynastie. Als Berthold II. im Jahr 1111 starb, trat sein Sohn Berthold III. die Nachfolge als amtierender Herzog an. Allerdings war es nicht er, sondern vielmehr sein Bruder Konrad I., der der Stadt Freiburg 1120 die Marktrechte verlieh. Beispielsweise versprach er jedem Geschäftsmann, der sich hier niederlassen wollte, ein Stück Land zur Errichtung eines Hauses, für die er jährlich am Fest des Heiligen Martin einen Zins in Höhe von einem Schilling an die Zähringer Herrschaft zu entrichten hatte. Ebenfalls sicherte er allen Reisenden in seinem Herrschaftsbereich Frieden und eine sichere Reise zu, verbunden mit dem Zusatz, dass geraubtes Eigentum entweder wieder beigeschafft oder von ihm ersetzt werde. Weitere Zugeständnisse waren der Verzicht auf Marktzoll – zumindest bei den eigenen Kaufleuten – und das Recht, dass Frauen mit ihren Kindern ihren Ehegatten ohne jede Einschränkung beerben durften. Damit alles seine Ordnung hatte, wurden die Rechte und Pflichten von Bürgerinnen und Bürgern, Handwerkern und Kaufleuten in einer 80 Artikel umfassenden Gründungsurkunde festgehalten. Das Marktrecht zeigte schon bald die erwünschte Wirkung: Viele Kaufleute ließen sich in der Stadt nieder, die an ihren Ständen, die vom Martinstor über die heutige Kaiser-Joseph-Straße bis hin zum Münsterplatz verteilt waren, Brot, Wein, Fleischwaren, Holz, Korn, Krämerwaren und vieles mehr anboten. Der Wohlstand nahm stetig zu, und repräsentative Steinhäuser prägten zunehmend das Stadtbild. Um Freiburg vor ungebetenen Besuchern zu schützen, wurde in dieser Zeit der Bau einer Stadtmauer vorangetrieben.

Berthold III. war es indes nicht lange vergönnt, sich an der positiven Entwicklung Freiburgs zu erfreuen, denn 1122 wurde er im Verlauf einer Fehde mit der Stadt Molsheim im Elsass erschlagen. Da seine Ehe mit Sofie von Bayern kinderlos geblieben war, folgte ihm sein Bruder Konrad als Herzog nach, der sich ab 1127 zudem mit dem Titel »Rektor von Burgund«

Auch heute noch wird auf dem Münsterplatz der Markt abgehalten.

schmücken durfte. Was übrigens bedeutete, dass er die Stellvertretung des Königs für sich in Anspruch nehmen konnte. Nach seinem Tod 1152 übernahm sein Sohn Berthold IV. die Regentschaft, der ebenfalls Siedlungen und Städte gründete, unter anderem Neuenburg am Rhein und Freiburg im Uechtland (Schweiz). Als er verstarb, folgte ihm 1186 Berthold V., der die Ummauerung der Stadt Freiburg vollendete und maßgeblich am Bau der damaligen Pfarrkirche, des späteren Münsters, beteiligt war.

Von sich reden machte der letzte Zähringer vor allem, als er 1198 zwischen die politischen Fronten geriet. Fürsten, die unter keinen Umständen einen Staufer auf dem Thron sehen wollten, wollten deshalb ihn statt Philipp von Schwaben zum König wählen. Deshalb forderten sie Berthold V. auf, an einem festgesetzten Wahltag mit einem Heer in Andernach zu erscheinen. Doch der Freiburger Stadtherr blieb der Veranstaltung fern. Das hatte einen handfesten Grund, denn Unterhändler des Staufers hatten zugesagt, ihm Schaffhausen und Breisach überlassen, falls er auf seine Kandidatur verzichtete. Überhaupt hatte sich Berthold V. während seiner Regentschaft nicht nur Freunde gemacht. Speziell der Zisterziensermönch Caesarius von Heisterbach vom Kloster Tennenbach, der ihn in einer Schrift als »unmenschlichen Tyrannen« bezeichnete, ließ kein gutes Haar an ihm und bezichtigte ihn des Geizes und der Verleugnung des katholischen Glaubens. Ob Berthold V. nach seinem Tod tatsächlich direkt in der Hölle landete, wie der Mönch felsenfest behauptet hatte, sei nun dahingestellt. Sicher hingegen ist, dass der Herzog als einziger Zähringer im Freiburger Münster bestattet wurde.

Da seine Ehe kinderlos geblieben war, gingen die Besitztümer mit seinem Tod 1218 an den Sohn von Bertholds Schwester Agnes, Egino von Urach, über, der sich von da ab »Graf von Freiburg« nannte. Damit war die Ära der Zähringer zu Ende.

1899

◀ Konrad von Zähringen, hier auf einer Glasmalerei von Fritz Geiges zu sehen, verlieh der Stadt Freiburg 1120 die Marktrechte. ▶ Zu Ehren der Zähringer wurde in der Altstadt der Bertoldsbrunnen errichtet.

1200

Unserer Lieben Frau zu Ehren!

Majestätisch reckt das Münster seinen durchbrochenen Turmhelm 116 Meter gen Himmel. Ein Prachtbau, auf den die Bürger der Stadt bis heute stolz sind. Und die Bürger der Stadt waren es ja auch, die ihn zum größten Teil finanzierten.

Noch zu Lebzeiten Bertholds V. wurde der Vorgängerbau, nach dem Stadtgründer als »konradinisches Münster« bezeichnet, für die aufstrebende Zähringerstadt zu klein. Von seiner Existenz zeugen nur noch ein paar spärliche archäologische Überreste und ein Bericht über Bernhard von Clairvaux, der 1146 darin predigte und zum Kreuzzug aufrief. Berthold V. plante im neuen Münster seine Grablege. Bis dahin waren die Zähringer in St. Peter beerdigt worden. Nach dem Vorbild des gerade fertiggestellten Basler Münsters sollte eine prächtige Pfarrkirche im spätromanischen Stil entstehen. Chor, Querhaus und die Hahnentürme wurden errichtet. Wer heute nach den Spuren jener frühen Bauphase sucht, wird am Portal zur Nikolauskapelle fündig, wo sich der älteste Figurenschmuck des Münsters befindet. Als Berthold V. etwa achtzehn Jahre nach Baubeginn starb, begrub man ihn wie geplant im Chor der neuen Kirche, die noch eine große Baustelle war. Später musste er im Zuge der Kirchenerweiterung verlegt werden – und so ging das Wissen um den genauen Ort seiner Grabstätte verloren.

Kirchen sind ebenso der Mode unterworfen wie andere Bauten. Als ab 1235 das Langhaus in Angriff genommen wurde, änderte man erstmals die Pläne – neues Vorbild war nun das gotische Münster zu Straßburg. Auch später sollten die Baupläne noch mehrfach abgewandelt werden. Für mittelalterliche Verhältnisse ging der Bau dennoch rasend schnell voran. Im Jahr 1258 wurde schon die erste Glocke, die *Hosanna*, eingeweiht. Vermutlich hing sie damals in einem Gerüst auf dem Münsterplatz, weil der Turm noch nicht fertiggestellt war. Bis heute läutet diese älteste Angelusglocke Deutschlands jeden Freitag um elf Uhr – um an die Kreuzigung Christi zu erinnern. Freiburger Hausfrauen tauften sie deshalb zärtlich die »Knöpflesglocke«. Sobald ihr Schlag ertönt, ist es an der Zeit, das Wasser für die badische Spätzle-Variante aufzustellen, damit das Mittagessen pünktlich auf dem Tisch kommt.

In der Bauhütte entstanden gleichzeitig die Figuren für die prächtige Portalvorhalle. Das gesamte Heilsgeschehen von Adam und Eva bis zum Jüngsten Gericht hat dort ein Gesicht bekommen. Nur die wenigsten Menschen konnten damals lesen, also mussten Bilder und Figuren die Welt und das Jenseits erklären. Fast wie ein Comic liest sich das Tympanon über dem Eingang – in einer Bildersprache, die den Menschen jener Zeit geläufig war. Beim Jüngsten Gericht fällt eine Figur besonders ins Auge: ein Teufel, der scheinbar betet! In Wahrheit reibt er sich nur die Hände – in Erwartung der Seelen, die sich nebenan in der Waagschale befinden. Die Figur sollte später als Freiburger Wahrzeichen eine besondere Bedeutung erlangen: Handwerksburschen auf der Walz mussten sie beschreiben, um ihren Aufenthalt in der Stadt beweisen zu können.

Wie eng Kirche und Alltagsleben verbunden waren, verdeutlichen die eingemeißelten Maße, die an der Außenmauer zu finden sind. Sie erzählen von guten und schlechten Jahren – in Letzteren mussten deutlich kleinere Brötchen gebacken werden. Der nächste große Schritt zur Fertigstellung des Prachtbaus war die Vollendung des Turmes. Der Kunsthistoriker Jacob Burckhardt nannte ihn im 19. Jahrhundert den schönsten Turm auf Erden, was die Freiburger gerne zitieren. Früher stieg der Türmer bei aufziehendem Gewitter hinauf, um die Glocken zu läuten und so das Unwetter zu vertreiben. Ein gefährlicher Beruf! Allzu viele Türmer wurden dabei vom Blitz erschlagen, sodass man diesen Brauch wieder aufgab.

◀ Jacob Burckhardt bezeichnete den Münsterturm als »schönsten Turm auf Erden«. ▶ Farbenfroher Blickfang: die Turmuhr mit ihrem einzigen Zeiger.

Zwischen 1370 und 1471 stockte der Bau und die Arbeiten an der Pfarrkirche ruhten, da es an den nötigen Mitteln fehlte. Schließlich gab es keinen reichen Bischof, der das große Bauvorhaben realisierte. Doch die Freiburger waren bei der Finanzierung sehr einfallsreich. Es gab Familien, die durch Handel oder Silberbergbau zu Reichtum gekommen waren und nun den Wunsch verspürten, sich um ihr Seelenheil zu kümmern. Stiftungen und Erbschaften trugen einen großen Teil zum Münsterbau bei. Wenn jemand starb, wurde das beste Gewand des Toten versteigert, und der Gewinn ging an die sogenannte Münsterfabrik, eine Stiftung, die 1295 erstmals erwähnt wird, aber vermutlich schon lange vorher bestand. Man sammelte Spenden, indem man von Haus zu Haus zog und den Bürgern gegen einen gewissen Obolus das Berühren der heiligen Reliquien zusicherte. Strafgelder vor Gericht flossen ebenfalls dem Bau zu. Um einen Ablass vom Papst zu bekommen, mussten sündige Freiburger die Sakramente empfangen, an sieben Altären im Münster beten und so viel in den Opferstock geben, wie sie gewöhnlich in einer Woche verzehrten.

Im späten 15. Jahrhundert nahm man die Bauarbeiten endlich wieder auf, Baumeister wurde nun erstmals ein Mann, dessen Herkunft bekannt ist. Johannes von Gmünd war vermutlich ein Bruder des berühmten Peter Parler, Schöpfer des Veitsdoms in Prag. Der Beruf *Baumeister* war zu jener Zeit ein wahrer Traumjob – gut bezahlt und mit vielen Vorteilen ausgestattet, wie zum Beispiel der Lohnfortzahlung im Krankheitsfall oder einer Altersversorgung.

Mit der Fertigstellung der Sakristei im Jahr 1513 galt das Münster offiziell als beendet und wurde eingeweiht. Gewidmet ist es *unserer Lieben Frau,* der Jungfrau, Gottesmutter und Königin Maria. Weit über hundert Madonnendarstellungen finden sich im Innern und als Außenschmuck.

Seit 1827 darf das Münster sich übrigens auch mit Fug und Recht Kathedrale oder Dom nennen. Dieses Privileg steht nur Kirchen zu, die als Bischofssitz dienen. Aber liebgewordene Bezeichnungen sind hartnäckig! Für die Freiburger wird ihre schöne Kirche wohl auch weiterhin das Münster bleiben.

Filigrane Giebel, Wasserspeier und Figurenschmuck an der Fassade des Münsters.

1299

Bürger vs. Grafen: Ein Bischof stirbt

Nach dem Aussterben der Zähringer lag Freiburgs weiteres Schicksal nun also in der Hand der Grafen von Freiburg. Die neuen Herrschaftsverhältnisse entwickelten sich zunächst auch recht ordentlich, aber nach einiger Zeit kamen zunehmend Spannungen zwischen Grafen und Bürgern auf. Wie üblich ging es dabei um zweierlei: um Geld und um Macht.

Die Räte verlangten mehr Mitbestimmung in Verwaltung und städtischen Angelegenheiten, die Grafen hingegen benötigten Geld für die Kriegsführung. Nach und nach erkauften sich die Bürger auf diese Weise immer mehr Rechte. Das empfindliche Gleichgewicht im Machtgefüge kippte schließlich, als sich Egino II. nach dem Tod König Rudolfs von Habsburg auf die Seite von dessen Sohn Albrecht stellte, die Stadt Freiburg hingegen den gewählten König Adolf von Nassau unterstützte. 1298 wurde Adolf jedoch schon wieder abgesetzt und Albrecht kam an die Macht. Die Bürger hatten aufs falsche Pferd gesetzt, Graf Egino II. auf das siegreiche. So beflügelt forderte der Graf erneut finanzielle Unterstützung von der Stadt, um die leeren Kriegskassen zu füllen. Doch diesmal weigerten sich die Freiburger. Kurzerhand fuhren sie Wurfmaschinen auf und belagerten vom Oberlindenplatz aus die Burg. Egino blieb nichts anderes übrig, als Verstärkung anzufordern. Er sandte einen Boten zu seinem Schwager Konrad von Lichtenberg, dem Bischof von Straßburg. Dieser eilte ihm auch umgehend zu Hilfe, nicht ahnend, dass das kleine Scharmützel sein letztes sein würde.

Was genau damals bei dem Dorf Lehen zwischen dem Heer des Bischofs und den Freiburger Rebellen geschah, ist nicht überliefert, denn die frühesten Aufzeichnungen darüber stammen aus dem Jahr 1698 und sind mit Vorsicht zu genießen. Fest steht, dass der Bischof eine lebensbedrohliche Stichwunde erhielt und vier Tage danach in Straßburg verstarb, wo er im Münster begraben wurde. Die Aufzeichnungen von Johann Schilter aus dem Jahr 1698 sprechen von einem Metzger, der Konrad aufspießte: »der was ein metzger/ der lieff in die feindt/ unnd stach ein spiess in den Bischoff/ als das geschah/ do zog menigklich unnd der gantze hauff aller gleich von dannen ab/ und wardt der krieg geendet als der bischoff erstochen was.«

Man gab dem Metzger im Nachhinein sogar einen Namen, Hauri habe er geheißen, und verklärte ihn zum Helden und Befreier der Stadt. Das gehört aber wohl in den Bereich der Legendenbildung, denn Mord blieb Mord – und an einem Bischof wog er besonders schwer. Bis heute zeugt ein Sühnekreuz von der Bluttat – der Stadtteil »Am Bischofskreuz« ist sogar danach benannt. Zeitweise entwickelte sich dort ein regelrechter Wallfahrtskult, denn man glaubte, der Bischof, der mittlerweile als Heiliger galt, sei dort begraben.

Genützt hat den Freiburgern ihre Rebellion übrigens nichts: Im Sühnebrief vom 30. Januar 1300 wurden sie zu Zahlungen verpflichtet, die höher waren als die ursprünglich von Egino II. eingeforderten.

▲ Grabmal Bischofs Konrad III. von Lichtenberg im Straßburger Münster. ◀ Das Sühnekreuz im Stadtteil Betzenhausen erinnert an den Bischofsmord. ▶ Der unbeliebte Graf Egino II.

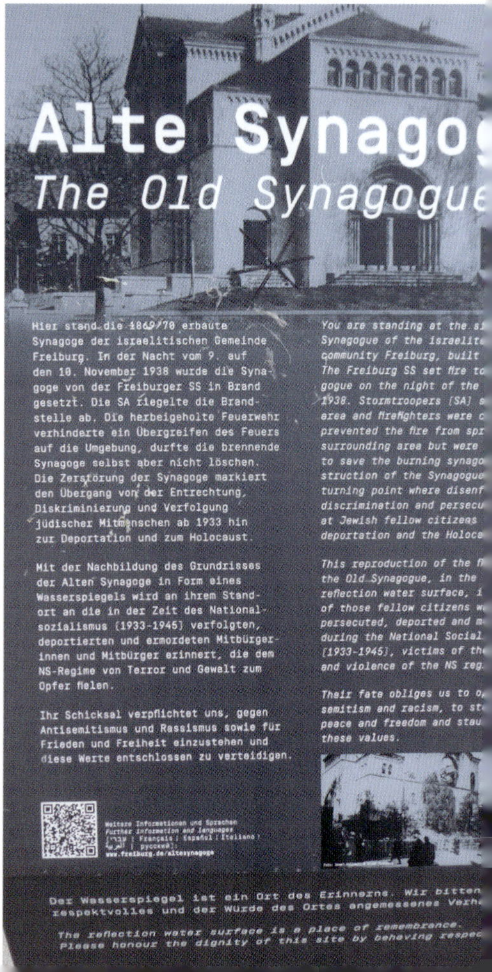
Alte Synagog
The Old Synagogue
Hier stand die 1869/70 erbaute Synagoge der israelitischen Gemeinde Freiburg. In der Nacht vom 9. auf den 10. November 1938 wurde die Synagoge von der Freiburger SS in Brand gesetzt. Die SA riegelte die Brandstelle ab. Die herbeigeholte Feuerwehr verhinderte ein Übergreifen des Feuers auf die Umgebung, durfte die brennende Synagoge selbst aber nicht löschen. Die Zerstörung der Synagoge markiert den Übergang von der Entrechtung, Diskriminierung und Verfolgung jüdischer Mitmenschen ab 1933 hin zur Deportation und zum Holocaust.
Mit der Nachbildung des Grundrisses der Alten Synagoge in Form eines Wasserspiegels wird an ihrem Standort an die in der Zeit des Nationalsozialismus [1933-1945] verfolgten, deportierten und ermordeten Mitbürgerinnen und Mitbürger erinnert, die dem NS-Regime von Terror und Gewalt zum Opfer fielen.
Ihr Schicksal verpflichtet uns, gegen Antisemitismus und Rassismus sowie für Frieden und Freiheit einzustehen und diese Werte entschlossen zu verteidigen.
You are standing at the
Synagogue of the israelit
community Freiburg, built
The Freiburg SS set fire to
gogue on the night of the
1938. Stormtroopers [SA]
area and firefighters were
prevented the fire from spr
surrounding area but were
to save the burning synago
struction of the Synagogue
turning point where disenf
discrimination and persecu
at Jewish fellow citizens
deportation and the Holoca
This reproduction of the
the Old Synagogue, in the
reflection water surface,
of those fellow citizens
persecuted, deported and
during the National Social
[1933-1945], victims of th
and violence of the NS reg
Their fate obliges us to
semitism and racism, to st
peace and freedom and stau
these values.
Weitere Informationen und Sprachen
Further information and languages
Français | Español | Italiano | русский:
www.freiburg.de/altesynagoge
Der Wasserspiegel ist ein Ort des Erinnerns. Wir bitten
respektvolles und der Würde des Ortes angemessenes Verh
The reflection water surface is a place of remembrance.
Please honour the dignity of this site by behaving respec

1349

Juden müssen für die Pest büßen

War die Pest eine Strafe Gottes, gegen die weder Heilmittel noch Gebete halfen? Oder hatte die Krankheit, der Kinder und Greise, Arme und Reiche gleichermaßen zum Opfer fielen und die ganze Landstriche ausrottete, eine völlig andere Ursache?

Zunächst fanden weder Wissenschaftler noch Ärzte eine Erklärung für die Seuche, die sich 1348 rasant in ganz Europa ausbreitete. Doch es dauerte nicht lange, bis sich ein böses Gerücht wie ein Lauffeuer verbreitete: Schuld an dem Massensterben seien die Juden. Sie seien es gewesen, die die Brunnen mutwillig vergiftet hätten. Wer auch immer diese absurde Anschuldigung in die Welt gesetzt hatte – etliche Menschen glaubten fest an dieses Schauermärchen. Darunter viele in Freiburg, wo bis dato Juden und Christen friedlich nebeneinander gelebt hatten. Daran konnte selbst Papst Clemens VI. nichts ändern, der vergeblich versuchte, die Lüge durch rationale Argumente zu widerlegen. Unter anderem führte er an, dass Juden genauso an der Pest starben und die Krankheit genauso in Ländern grassierte, wo überhaupt keine Juden lebten. Vergeblich.

Im Januar 1349 – noch bevor die Pest in Freiburg überhaupt ausgebrochen war – wurde das jüdische Viertel in der Nähe der heutigen Weber- und Wasserstraße gestürmt und die rund hundert Bewohner wurden festgenommen. Unter Folter gaben die Beschuldigten zu, die ihnen zur Last gelegten Taten begangen zu haben. Aufgrund ihres erzwungenen Geständnisses wurden sie erbarmungslos auf den Scheiterhaufen gestellt. Nur Schwangere und die zwölf reichsten Männer sollen verschont worden sein, mussten sich jedoch zwangstaufen lassen. Auch in Basel, Straßburg und Breisach verbrannte man fast alle Juden, denen man zuvor ebenfalls die Vergiftung der Brunnen vorgeworfen hatte – mit der Folge, dass so mancher brave Bürger, der sich zuvor bei einem jüdischen Geschäftsmann Geld geliehen hatte, auf einen Schlag all seine Schulden los war.

Nach diesem unmenschlichen Akt, der in Freiburg auf der »Galgen und Rädler Matten« an der Basler Straße vollzogen wurde, dauerte es etwa zehn Jahre, bis sich wieder jüdische Familien in der Stadt niederließen. Sie mussten sich strengen Vorschriften bezüglich ihrer Kleidung unterwerfen und wurden in der Karwoche mit einem Ausgehverbot belegt. 1401 beschloss der Freiburger Stadtrat, »daz dekein Jude ze Friburg niemmerme sin sol«. Grund für die Entscheidung war unter anderem ein Gerücht, Juden hätten einen Knaben in Diessenhofen (Schweiz) ermorden lassen, um dessen Christenblut zu trinken. Zwar entbehrte diese Anschuldigung jeglicher Grundlage, reichte jedoch aus, dass König Sigismund 1424 dieses Dekret mit der ewigen Vertreibung bestätigte. Es sollte bis 1806 dauern, bis Juden endlich wieder freier Zutritt und zeitweiliger Aufenthalt in Freiburg erlaubt wurde.

▲ Auch in Freiburg wurden Juden für die Pest verantwortlich gemacht und hingerichtet.
◀ König Sigismund bestätigte 1424 ein Dekret des Stadtrats zur ewigen Vertreibung der Juden. ▶ Eine Schrifttafel erinnert an die Alte Synagoge.

1368

Im Herzen von Vorderösterreich

Hatten sich die Freiburger Bürger nach dem offenen Aufstand gegen Egino II. endlich mit ihren Grafen versöhnt? Nein, nicht wirklich. Es folgten zwar ruhigere Jahre, aber die Konflikte und das Kompetenzgerangel schwelten weiter.

Als Egino III. 1358 seine Herrschaft antrat, waren die Grafen bereits so hoch bei der Stadt verschuldet, dass die Bürger nach Belieben Forderungen stellen und de facto schalten und walten konnten, wie sie wollten. Kein Wunder also, dass Egino III. den Plan fasste, die eigene Stadt kriegerisch einzunehmen. 1366 war es so weit, gemeinsam mit verbündeten Adeligen versuchte er, seine Interessen gewaltsam durchzusetzen. Der Angriff scheiterte jedoch kläglich und läutete das Ende der Grafen-Ära ein. Kurz darauf heuerten die Bürger ein Heer aus Söldnern an und zerstörten die gräfliche Burg auf dem Schlossberg. Weitere kriegerische Auseinandersetzungen folgten. 1367 erlitten die Freiburger bei Breisach eine verheerende Niederlage. Dieser Sieg bescherte Egino III. immerhin eine bessere Ausgangsposition für die längst überfälligen Verhandlungen, die nun folgten.

Die Stadt hatte nur einen Wunsch: Weg von den Grafen! Das war allerdings nicht billig zu haben. Große Geldsummen waren nötig, um bereits erlittene und künftige Einnahmeverluste der Grafen auszugleichen. Egino III. verlangte für den Verlust von Freiburg die Herrschaft über Badenweiler, was die Stadt 25 000 Gulden kostete. Städtische Gefangene mussten ausgelöst werden, Kriegskosten beglichen und Entschädigungen bezahlt werden. Am Ende kostete die Loslösung Freiburg mindestens weitere 15 000 Mark Silber, eine geradezu sagenhaft hohe Summe. Dafür verzichteten die Grafen auf die Stadt, auf die (zerstörte) Burg, auf die Wiehre und auf weitere Rechte wie Gerichtsbarkeit und Zollrecht. Freiburg durfte seinen neuen Herrn nun frei wählen. Binnen weniger Wochen unterstellte sich die Stadt dem Hause Habsburg und wurde damit Teil Vorderösterreichs.

25 000 Gulden und 15 000 Mark! Ein Vermögen! Woher nahmen die Freiburger das viele Geld für den Freikauf? Bei genauerem Hinsehen liegt der Verdacht nahe, dass es schon vor der Loslösung von den Grafen Absprachen mit dem Hause Habsburg gegeben haben muss. Zwar erhielten die Freiburger kein Geld aus Vorderösterreich, aber die Habsburger unterstützten die Stadt in Form von Pfandschaften, die sie an die Grafen vergaben. Dadurch gerieten diese selbst in habsburgische Abhängigkeit, und Vorderösterreich konnte seine Macht in der Region weiter ausbauen.

Ob sich der Wechsel für Freiburg gelohnt hat? Einerseits knabberte die Stadt fast zweihundert Jahre lang an den hohen Zahlungen. Aber zumindest einen großen Vorteil gab es: Habsburg war im Gegensatz zu den Grafen weit weg und ließ die Freiburger meistens in Ruhe.

◀ Herzog Leopold III. von Habsburg. ▶ Egon IV., auch Graf Egino III. genannt.
▼ Bedeutende Habsburger schmücken das Historische Kaufhaus von 1532.

ALBERTI SECVNDI
FILIVS

Egon IV. graff zue Freyburg landgraff im Breysgau.

·DIE SEL·GRVOT

1372

Das Dieselmuoter Bergweistum: Europas älteste Bergverordnung

Bergbau ist nicht gerade der Wirtschaftszweig, den man als Erstes mit Freiburg in Verbindung bringt. Wer aber den durchlöcherten Hausberg Schauinsland genauer unter die Lupe nimmt, wird schnell eines Besseren belehrt. Gerade im Mittelalter spielte der Bergbau eine bedeutende Rolle – wie bedeutend, nun, darüber streitet sich die Wissenschaft. War die Stadt eher durch Handel und Handwerk zu Reichtum gekommen oder doch durch das Silber aus dem Schwarzwald?

Fest steht immerhin, dass die älteste schriftlich fixierte Bergverordnung Europas aus Freiburg stammt. Im Dieselmuoter Bergweistum von 1372 haben die Grafen altüberlieferte Rechte und Gewohnheiten niedergeschrieben.

Moment mal: die Grafen? War Freiburg nicht schon seit vier Jahren in Habsburger Besitz übergegangen? Richtig. Aber die Grafen waren trotzdem noch bis 1398 die Bergherren. Und nachdem andere Einnahmequellen versiegt waren, gewann der Bergbau für sie sogar noch an Bedeutung. Die Grube Dieselmuot lag etwa dort, wo sich heute das Haldenhotel befindet. Das Weistum bezog sich aber auch auf andere Reviere der Grafen. Es beinhaltet rechtliche Fragen zu Handel, Bezahlung, Strafen, Arbeit und Schürfrechten. Das Original ist nicht erhalten, wohl aber eine Abschrift aus dem 16. Jahrhundert.

Der Abbau von Silber und Blei ist im Schwarzwald ab etwa dem Jahr 1000 auch archäologisch belegt. Allerdings war damals nicht der Schauinsland der wichtigste Erzlieferant, sondern das Elz- und Glottertal. Auch als Berthold V. mit dem Münsterbau begann, spielte Freiburgs Hausberg noch keine Rolle. Die dortigen Gruben gewannen erst im ausgehenden 13. Jahrhundert an Bedeutung. Dies spiegelt sich im wahrsten Sinn des Wortes in den Fenstern des Münsters wider. Die prächtigen Glasmalereien wurden von den Zünften oder von bedeutenden Patrizierfamilien gestiftet. Zwei dieser Fenster hängen eng mit dem Bergbau zusammen: das sogenannte Tulenhaupt-Fenster (um 1335) und das Schauinslandfenster (1340). Der heutige Name von Freiburgs Hausberg taucht hier überhaupt zum ersten Mal auf. Die Patrizierfamilie Tulenhaupt war als Gesellschafterin der oben erwähnten Grube Dieselmuot zu Reichtum gekommen. Auf beiden Fenstern sind Bergleute abgebildet, die mit der Keilhaue Erz gewinnen. Kienspäne beleuchten die schmalen Stollen. Diese Bilder sind die ältesten Darstellungen von frühen Arbeitsmethoden unter Tage. Abgebaut wurde hauptsächlich Silber – es war für das Münzwesen bedeutend. Blei benötigte man für Kirchendächer, bleiverglaste Fenster, aber auch für die Verhüttung selbst. Gegen Ende des 14. und im 15. Jahrhundert war der Höhepunkt der Silbergewinnung schon überschritten, wie sich am archäologisch nachweisbaren Rückgang der Schmelzmühlen belegen lässt. Erst Jahrhunderte später sollte der Bergbau noch einmal an Bedeutung gewinnen.

▲ Alter Stollen der Grube Schauinsland. ▼ Mittelalterlicher Silberbergbau: Abbildung auf dem Tulenhaupt-Fenster im Freiburger Münster.

1387

Das älteste Gasthaus Deutschlands

Einen traumhaften Ausblick auf den Münsterturm und das Schwabentor hat ein stadtbekannter goldener Bär – nicht mit jenem zu verwechseln, der in Berlin für herausragende Filme überreicht wird. Nein, unserer hängt vielmehr an der mit rautenförmigen Ornamenten und den Siegeln verschiedener Wirte verzierten Fassade eines rötlich-grau bemalten Gebäudes im Stadtteil Oberlinden.

Bei besagtem Haus, das den Namen »Zum Roten Bären« trägt, handelt es sich um das älteste Gasthaus in Deutschland – ein begehrter Titel, den allerdings noch andere Gastronomiebetriebe für sich beanspruchen.

Fest steht jedenfalls, dass das Haus bereits vor der offiziellen Stadtgründung gebaut wurde. So konnten die ältesten Pfeiler im dreistöckigen Keller etwa auf das Jahr 1000 datiert werden. Als erster Besitzer wird 1311 Johann der Bienger als Zeuge eines Streits erwähnt. Weiterhin belegt eine Urkunde, dass sich 1387 ein gewisser Hanmann Bienger um das leibliche Wohl der Gäste kümmerte. Der Mann schaute nicht nur in der Gaststube nach dem Rechten, sondern er war auch Zunftmeister der Wirte und saß im Rat der Stadt – sprich, er war hoch angesehen. Im Lauf der nächsten sieben Jahrhunderte folgten ihm fünfzig Wirte und Wirtinnen, die allesamt namentlich bekannt sind.

Das Gasthaus war seit jeher ein beliebter Treffpunkt. So diente es auch Freiburgs Schustern als Zunfthaus. Deshalb ist auf dem Schusterfenster im Münster ein goldener Bär dargestellt. Neben den Einheimischen, die es sich in der Gaststube gut gehen ließen, machten hier auch viele Reisende Station. Für sie standen Stallungen bereit, die mindestens sechzig Pferden Platz boten. Doch nicht immer waren die Wirtshausgespräche von Heiterkeit und Frohsinn geprägt, etwa in jenen schlimmen Zeiten, als Hungersnöte oder die Pest über die Stadt hereinbrachen. Ebenso mussten die Gäste mit ansehen, wie die Stadt von feindlichen Soldaten heimgesucht wurde. Was auch für das Gasthaus gravierende Folgen hatte: Als die französischen Truppen 1744 die Stadt verließen, machten sie die Befestigungen am nahen Schlossberg dem Erdboden gleich. Dabei wurde das romanisch-gotische Arkadenhaus »Zum Roten Bären« ebenfalls schwer beschädigt, worauf es – dieses Mal im Barockstil – gründlich erneuert wurde. Im November 1944 überstand es glücklicherweise das Bombardement der Stadt, wurde jedoch ab 1945 von den Franzosen für sieben Jahre beschlagnahmt.

Obwohl das Haus im Lauf der Jahrhunderte immer wieder saniert, umgebaut und modernisiert wurde, hat sich der ursprüngliche Grundriss des Gebäudekomplexes nie wesentlich verändert. Und damals wie heute werden die Gäste vom goldenen Bären begrüßt.

▲ Das Wirtshaus »Zum Roten Bären« war schon im Mittelalter ein beliebter Treffpunkt für Einheimische und Reisende. ▼ Ein goldener Bär schmückt den nach eigenen Angaben ältesten Gasthof Deutschlands.

HOTEL BÄREN
WEIN-UND BIERSTUBEN

ÄLTESTER GASTHOF
DEUTSCHLANDS

1368

1388

Hat Berthold Schwarz sein Pulver verschossen?

Flammen lodern in Prag. Ein Mönch namens Konstantin Anklitzen findet 1388 den Tod auf dem Scheiterhaufen. Ein Alchemist soll er gewesen sein, ein Ketzer, der mit dem Teufel im Bunde stand!

Vierunddreißig Jahre zuvor: Ein Franziskanermönch namens Berthold experimentiert in Freiburg mit Salpeter, Schwefel und Holzkohle. Sein Ziel ist es, Gold herzustellen. Er lässt die zerstoßenen Zutaten im Mörser samt Stößel auf dem Ofen stehen und verlässt sein Laboratorium. Kurze Zeit später erfolgt eine Explosion. Zu seinem Erstaunen stellt jener »Niger Berchtoldus« fest, dass der Stößel sich durch den Druck so fest ins Holz der Deckenbalken gebohrt hatte, dass er nicht mehr daraus zu entfernen ist. Heureka! Schießpulver und Mörser sind erfunden!

Was hat aber die oben geschilderte Hinrichtung mit der unten erzählten Legende zu tun? Nun, möglicherweise handelt es sich bei den beiden Männern um ein und dieselbe Person! Über viele Jahrhunderte war man sich einig: Das Schießpulver war in Freiburg erfunden worden, eben von jenem Mönch namens Berthold Schwarz. Zum vermeintlich fünfhundertsten Geburtstag der bahnbrechenden Erfindung errichtete man dem Mönch auf dem damaligen Franziskaner- und heutigen Rathausplatz 1854 eine Statue. Kurz darauf dann der Schock: Die Wissenschaft fand heraus, dass das Schießpulver ganz zweifelsfrei in China erfunden worden war – und zwar schon im 11. Jahrhundert! Alles schien mit einem Mal fragwürdig. Gab es den legendären Mönch etwa gar nicht?

Wieder mussten Jahrzehnte vergehen, bis sich die Wissenschaft um eine Klärung dieser Frage bemühte. Woher stammt der Name Berthold Schwarz?

Erstmals erwähnt ihn die Cosmographia des Sebastian Münster im 16. Jahrhundert. Hier taucht auch die Jahreszahl 1354 als Erfindungsjahr der Kanone auf – die allerdings nachweislich schon vorher existierte. Ein italienischer Chronist namens Guido Panciroli bringt Berthold Schwarz aus Freiburg mit dem hingerichteten Konstantin Anklitzen in Prag in Verbindung. Musste Berthold, falls es ihn gab, nach seiner Erfindung fliehen?

Der wichtigste Beleg für eine mögliche Existenz des Mönchs ist das »Feuerwerksbuch«, eine Handschrift, die in Freiburg um 1400 entstand und von einem »Niger Berchtoldus« spricht, der hier als Erfinder der »Steinbüchse« gilt. »Niger« deutet dabei aber nicht auf den Nachnamen hin, sondern auf die Bezeichnung Nigromant, also Alchemist.

Vermutlich wird sich niemals mit letzter Sicherheit klären lassen, was Dichtung ist, was Wahrheit. Fakt ist, dass um 1400 am Oberrhein jene Steinbüchsen Verwendung fanden. Auch wurden im 15. Jahrhundert in Freiburg Geschütze und eiserne Kugeln hergestellt. Fakt ist allerdings auch, dass der Name »Schwarzpulver« nicht auf einen Freiburger Berthold zurückgeht, sondern schlicht auf die Farbe der Substanz.

◀ Berthold Schwarz auf einem Glasgemälde von Fritz Geiges. ▶ Denkmal auf dem Rathausplatz.
▼ Berthold Schwarz beim Experimentieren.

1457

Die Albert-Ludwigs-Universität wird gegründet

Die Universität Freiburg zählt zu den ältesten Hochschulen Deutschlands, gegründet wurde sie 1457 von Erzherzog Albrecht VI. von Österreich. Ihm zu Ehren wurde sie feierlich auf seinen latinisierten Namen »Albertina« getauft.

Als im April 1460 der Unterrichtsbetrieb aufgenommen wurde, war die Einrichtung auf mehrere Gebäude verteilt. 215 Studenten wohnten und lernten gemeinsam in Kollegienhäusern oder sogenannten Bursen, die als Unterkünfte und für Vorlesungen genutzt wurden. Als Volluniversität repräsentierte die »Albertina« alle wichtigen Fakultäten: Theologie, Jura, Medizin und Philosophie. Die Unterrichtssprache war Latein.

Neue Akzente im Lehrplan setzten dann Adel und Bürgertum, deren Söhne eine diplomatische oder militärische Laufbahn einschlagen sollten. So wurde im 16. Jahrhundert Französischunterricht angeboten, und die Studenten konnten die hohe Kunst des Fechtens erlernen. Zudem wurden Tanzlehrer eingestellt, um die jungen Herren auf das gesellschaftliche Leben vorzubereiten.

Doch zunehmend beherrschte und spaltete ein ganz anderes Thema die Universität: die Reformation. Als an den Hochschulen in Basel und Heidelberg der reformierte Glaube gelehrt wurde und Tübingen und Straßburg evangelisch geworden waren, übertrug Erzherzog Leopold 1620 die Freiburger Universität dem Jesuitenorden, der ab sofort die meisten Lehrstühle besetzte – bis Erzherzogin Maria Theresia ab 1768 den Einfluss des Ordens schwächte, denn die staatliche Verwaltung benötigte zunehmend Beamte mit einer soliden praxisbezogenen Ausbildung. Maria Theresia pochte auf weniger unterrichtsfreie Tage und modernere Lehrbücher als bisher und ordnete an, dass das reine Vorlesen der Professoren durch den erklärenden Vortrag in deutscher Sprache ersetzt wurde.

Als 1773 der Papst auf Drängen mehrerer Staaten den Jesuitenorden vorübergehend auflöste, ging das Vermögen des Ordens einschließlich der Gebäude, so das Kolleg in der Bertoldstraße, in den Besitz der Universität über.

In Folge der napoleonischen Kriege erhielt dann das Großherzogtum Baden 1805 die Herrschaft über den Breisgau. Mit der Konsequenz, dass die Freiburger Universität einen Großteil ihrer linksrheinischen Besitzungen an Frankreich verlor, was wiederum mit beträchtlichen finanziellen Einbußen verbunden war. Sah die Zukunft der »Albertina« zunächst alles andere als rosig aus, sicherte Großherzog Ludwig von Baden 1820 durch eine Zustiftung die Existenz der Universität. Zum Dank wurde sie in »Alberto-Ludoviciana« umbenannt. Ab 1850 wuchs die Studentenzahl von 500 auf 1500, im selben Zeitraum wurde das Institutsviertel für Naturwissenschaften und Medizin gebaut. Ab 1900 wurden schließlich die ersten Frauen zum Studium zugelassen.

Allerdings war es nun nicht so, dass sich alle angehenden Akademiker gleichermaßen mit Ernst und Disziplin ihren Studien widmeten. Manche der Studenten legten es förmlich darauf an, die Strafe für ungebührliches Verhalten wahlweise im Sommer- oder Winterkarzer abzubrummen, obwohl die Räumlichkeiten nur wenig Verlockendes zu bieten hatten: ein Bett, ein Stuhl, ein Holztisch, ein Schrank und eine Schüssel für die dringendsten Bedürfnisse – von Luxus konnte keine Rede sein. Besonders anstrengen, um in den Genuss eines Karzeraufenthalts zu kommen, mussten sie sich nicht. Es reichte schon, wenn man zu tief ins Glas geschaut, unschuldige Passanten angepöbelt oder einen Kommilitonen vermöbelt hatte. Oberster Richter, der die entsprechenden Strafen verhängte, war der Rektor höchstpersönlich.

Zum 500-jährigen Bestehen der Universität wurde eine Briefmarke herausgegeben.

Nächste Seite:
◀ Albrecht VI. aus dem Geschlecht der Habsburger gründete die Universität »Albertina«.
▶ Die Albert-Ludwigs-Universität Freiburg zählt zu den ältesten Universitäten Deutschlands.

Als erster Insasse zog 1911 ein gewisser Walter Stegmüller in den Winterkarzer ein. Was einer gewissen Ironie nicht entbehrte, handelte es sich bei dem Hallodri doch ausgerechnet um jenen jungen Mann, der nur wenige Monate zuvor als 3000. Student in einem Festzug durch die Stadt geführt und von der Universitätsleitung mit einer goldenen Uhr geehrt worden war. Die ihm zuteilgewordene Ehre konnte Stegmüller jedoch nicht davon abhalten, sich in trunkenem Zustand mit einem Polizisten anzulegen. 1920 wurde die Karzerstrafe, interessanterweise gegen den erklärten Willen des AStA, abgeschafft.

Überstand die Universität den Ersten Weltkrieg noch weitgehend unbeschadet, erwies sich die Bombennacht am 27. November 1944 als weitaus verheerender. Genau wie die Freiburger Innenstadt waren bis zum Kriegsende alle Universitätsgebäude schwer beschädigt oder zerstört. Da war es nur ein kleiner Trost, dass immerhin ein Großteil der Materialien, meist Bücher, gerettet werden konnte.

Lange dauerte es nach Kriegsende jedoch nicht, bis der Universitätsbetrieb wieder aufgenommen werden konnte. Die französische Besatzung stimmte dem Wiederaufbau und der Wiedereröffnung der Universität bereits im Herbst 1945 zu. Unter einer Bedingung, denn vor der Immatrikulation musste jede Studentin und jeder Student hundert Stunden tatkräftig beim Wiederaufbau mit anfassen. Zudem gab es zahlreiche Erweiterungen und Neubauten.

Seit der Einweihung der Universität rauchten schon viele prominente Köpfe in den Vorlesungssälen. Etwa der von Konrad Adenauer, dem ersten Bundeskanzler, oder jener des ehemaligen Finanzministers Wolfgang Schäuble. Die spätere Politologin und Publizistin Hannah Arendt ging in der Freiburger Universität ebenso ein und aus wie der bekannte Psychiater und Philosoph Karl Jaspers. Auch mit Namen wie Edmund Husserl, seines Zeichens einer der einflussreichsten Denker des 20. Jahrhunderts, oder Edith Stein, Frauenrechtlerin und Philosophin, kann sich die Einrichtung schmücken. Eng verbunden mit der Albert-Ludwigs-Universität sind zudem 23 Wissenschaftlerinnen und Wissenschaftler, die den Nobelpreis erhalten haben.

Auf den einen oder anderen Studenten hätte die Freiburger Universität allerdings im Nachhinein sicherlich gern verzichtet: Joseph Goebbels, Reichsminister für Volksaufklärung und Propaganda, hat hier Germanistik und Geschichte studiert.

1478

Von Runzgenossenschaften und Bächleputzern

Sie gehören zum Stadtbild wie das Münster und der Bertoldsbrunnen. Es gibt sie schon seit Ende des 12. Jahrhunderts – und wer hineintritt, muss der Sage nach einen Freiburger oder eine Freiburgerin heiraten. Die Rede ist von den Bächle, einem Wahrzeichen der Stadt.

Trotzdem wissen viele Einheimische nicht, wozu sie einst dienten. Der Trinkwasserversorgung? Nein, dafür gab es in Freiburg schon im Mittelalter Laufbrunnen, welche der Stadt frisches, klares Quellwasser aus dem Möslewald zuführten. Der Abfallbeseitigung? Ursprünglich nicht, auch wenn sie immer mal wieder dafür missbraucht wurden. Nein, die Bächle leiteten Brauchwasser in die Stadt – für das Vieh, für die Gärten, zum Waschen und Putzen. Und, ganz wichtig: zum Löschen von Bränden. Wenn eine mittelalterliche Stadt mit ihren engen Gassen Feuer fing, konnten ganze Straßenzüge in Flammen aufgehen. Dass Freiburg dieses Schicksal erspart blieb, liegt vermutlich auch an den Bächle.

Ihr Wasser stammt aus der Dreisam. Am Sandfang, im Osten der Stadt, wird der Gewerbekanal vom Fluss abgeleitet. Der Bächlekanal zweigt am Fuße des Schlossbergs ab und führt zum Schwabentor, wo sich die Bächle in zwei Hauptarme aufteilen. Der erste führt durch die Salzstraße gen Westen, der zweite durch die Herrenstraße Richtung Norden. Mittels Stellfallen kann das Wasser dorthin geleitet werden, wo es am dringendsten benötigt wird. Die Aufsicht über die Wasserverteilung und Pflege der Bächle oblag seit jeher der Stadt. So gab es in Freiburg einen Beruf, der anderswo unbekannt ist: den Beruf des Bächleputzers, der bis heute existiert.

Für die meisten Handwerksberufe reichte das Wasser der schmalen Rinnen aber nicht aus. Sie benötigten den Gewerbekanal, den »Alten Runz«, der die südliche Altstadt, Gerberau und Fischerau durchströmt, sowie weitere Kanäle in den übrigen Stadtteilen. Auch die Runzen waren seit 1368 Eigentum der Stadt, welche den Anliegern befristete oder unbefristete Nutzungsrechte verlieh. Mehrere Parteien mit gänzlich unterschiedlichen Interessen bedienten sich also gemeinsam der Wasserkraft. Das konnte auf Dauer nicht gut gehen! Wenn der eine mittels Stellfallen seine Wiesen bewässerte, blieben bei seinem Nachbarn die Mühlräder stehen.

Handwerker, Bauern und Mühlenbesitzer lagen ständig miteinander im Clinch. Abhilfe schafften schließlich die Runzgenossenschaften, die ab 1478 entstanden, Interessenverbände, die Nutzung und Verwaltung allgemeingültig regelten, Streitereien schlichteten und sich um die Pflege der Kanäle kümmerten. Eine dieser traditionellen Vereinigungen schaffte es bis ins 21. Jahrhundert: die »Runz der Werkbesitzer«. Mitglieder sind die Eigentümer von Grundstücken, auf denen alte Wasserrechte liegen. Und wie in alten Zeiten steht der Genossenschaft ein Runzmeister vor und ein Runzknecht kümmert sich um Kontrolle und anfallende Arbeiten.

Früher verliefen die Bächle in der Mitte der Straße (hier: Marktgasse).

1497/98

Großes Kino: der Reichstag in Freiburg

Eine Stadt in Aufregung: König Maximilian I. hat den Reichstag, die wichtige Versammlung der Stände, nach Freiburg befohlen! Eine Ehre ist das – zumal Freiburg nicht sonderlich groß und auch keine freie Reichsstadt ist. Die Großveranstaltung verspricht nicht nur Ruhm, sondern auch ein Ankurbeln der maroden Wirtschaft, einen Aufschwung für Handel und Gewerbe.

Die Freude ist also einerseits groß, aber gleichzeitig werden auch Zweifel laut. Wie soll die Stadt, die gerade mal 6000 Einwohner zählt, ein solches Event überhaupt stemmen? Zum Reichstag werden immerhin weitere 6000 Menschen erwartet – die Stände und ihr Tross, ferner etwa 2000 Pferde und eine Menge Fußvolk, das immer im Schlepptau einer Veranstaltung dieser Größenordnung zu finden ist.

Mit der Organisation wird Jakob Mennel, der Ratsschreiber, betraut. Es könnte für ihn das Sprungbrett zu einer großen Karriere werden – aber tauschen will eigentlich niemand mit ihm. Denn seine Aufgaben sind unüberschaubar, und manche scheinen kaum lösbar. Es fängt schon mit der Unterbringung an. Wohin mit den Gästen? Und wo soll sich der Reichstag überhaupt versammeln? Das historische Kaufhaus ist zwar schon geplant, aber noch lange nicht fertiggestellt, auch das Kornhaus existiert noch nicht. Also bleibt nur der Ratssaal, die heutige Gerichtslaube. Der Rat selbst muss ausweichen und sich einen neuen Versammlungsort suchen, aber dennoch sind die Räume viel zu klein und zu eng für die Stände. Schließlich muss ja auch auf die Sitzordnung geachtet werden, keiner darf sich erhöht oder erniedrigt fühlen – und das im wahrsten Sinne des Wortes!

Gasthäuser, Klöster, Bürgerhäuser: Alle mussten Räume für die Unterbringung der hohen Gäste zur Verfügung stellen. Anfangs reisten die Stände nur zögerlich an, viele warteten auf die Ankunft des Königs. Zum Höhepunkt des Reichstages (im Sommer 1498) platzte die Stadt dann aus allen Nähten.

Die vielen Menschen benötigten Unmengen an Nahrung und Getränken. Wieder waren Geschick und Verhandlungskunst des Ratsschreibers gefragt. Schon im März 1498 machte sich ein erheblicher Brotmangel bemerkbar, und die Herren beklagten sich über zu kleine Brötchen. Schuld daran war nicht einmal der Mangel an Weizen, sondern die zu geringe Backleistung der elf Brotbäcker. Mithilfe einer Quote wollte man dieses Problem beseitigen, aber schließlich mussten (unter dem Protestgeschrei der elf ansässigen Bäcker) weitere Backstuben eröffnet werden, um den Bedarf zu decken.

Weitere Herausforderungen waren Sicherheit und Hygiene. Die sogenannten »Landsbuben«, schlecht gekleidete und bewaffnete Herumtreiber, entwickelten sich zu einer wahren Plage. Außerdem brachten die Gäste Blattern (Pocken) und die Franzosenkrankheit (Syphilis) mit in die Stadt. Das Spital war zu klein, darum beschloss man, fremde Erkrankte aus der Stadt zu weisen, der Besuch der öffentlichen Badestuben wurde allen Kranken untersagt.

In den ersten Monaten lief der Reichstag noch etwas zögerlich an. Der König ließ auf sich warten und etliche Fürsten folgten seinem Beispiel. Im Mai kam dann endlich die Kunde: Das Herrscherpaar war in Ulm aufgebrochen und unterwegs in den Breisgau.

Königin Bianca Maria Sforza erreichte Freiburg am 29. Mai. Sie wurde in Kirchzarten von Vertretern der Stadt empfangen und zu ihrer Unterkunft im Dominikanerkloster geleitet. Dort

◀ Kaiser Maximilian I. ▶ Er holte den Reichstag nach Freiburg.

erfolgte die rituelle Übergabe der Geschenke. Ihr Gatte ließ sich weiterhin Zeit. Erst am 18. Juni zog auch er feierlich in Freiburg ein, am Empfang nahm alles teil, was Rang und Namen hatte. Das Willkommensgeschenk bestand aus dreißig Säcken Hafer, drei Fässern Wein sowie Fischen und Goldgulden für die Königin.

Endlich konnten die Verhandlungen des Reichstages beginnen. Die wichtigsten Beschlüsse betrafen eine Reichskleiderordnung sowie ein Gesetz, das sich gegen Weinpanscherei richtete. Die »Zigeuner« wurden geächtet und des Reichs verwiesen, da man sie für Diebe und Spione der Türken hielt. Sogar das Bettelwesen erhielt eine Neuordnung, fortan durften nur noch Menschen um Almosen bitten, die tatsächlich ein Gebrechen vorweisen konnten.

Der Reichstag endete im September 1498. Doch schon seit Ankunft des Königs mehrten sich die Klagen vieler Bürger über unbezahlte Schulden der hohen Herrn. Die schlechte Zahlungsmoral Maximilians I. war allseits bekannt. Vorsichtig bat man ihn um eine Begleichung der ausstehenden Beträge – aber was konnte man gegen den König schon ausrichten? Immerhin hinterließ der Monarch nach seiner Abreise eine Art »Pfand« – in Form seiner Gattin Bianca Maria, die weitere drei Jahre in Freiburg verweilte.

Es nützte jedoch nicht viel. Die Vermählung Maximilians mit der Sforza-Tochter aus Mailand war ja keine Liebesheirat gewesen, sondern der Bündnispolitik und der Mitgift geschuldet. Die Sehnsucht des Königs nach seiner Gattin hielt sich infolgedessen in Grenzen. Als Bianca Maria nach drei Jahren abreiste, war der König noch immer mit mindestens 1500 Gulden bei der Stadt verschuldet, wahrscheinlich sogar mit einer deutlich höheren Summe, die nie beglichen wurde.

Die Freiburger scheinen trotz dieser Einbußen mit dem Reichstag zufrieden gewesen zu sein, denn sie bewarben sich noch mehrmals als Tagungsort und erhielten sogar den Zuschlag des Königs. Nur die Zeitgeschehnisse und die daraus resultierenden Absagen des Reichstages verhinderten eine Wiederholung des Großereignisses.

Für den Ratsschreiber Jakob Mennel zumindest ging die Rechnung auf. Während des Reichstages hatte er sich dem König anbieten können, 1505 wurde er zum kaiserlichen Rat ernannt. Als Hofhistoriograf schrieb er das bedeutende Werk »Die fürstliche Chronick«, eine Genealogie und Geschichte des Hauses Habsburg in Reimform.

1507

Martin Waldseemüller tauft »America«

Gut, eigentlich war es Kolumbus, der 1492 die Neue Welt entdeckte. Doch ohne den Freiburger Kartografen Martin Waldseemüller und dessen Kollegen Matthias Ringmann würde man die Bezeichnung »Amerika« heute vergeblich auf dem Globus suchen. Sie waren es nämlich, die auf ihrer berühmten Weltkarte besagte Bezeichnung für die Landmassen im Westen verwendeten.

Deshalb gilt das Werk, das 1507 angefertigt wurde und etwa drei Quadratmeter umfasst, heute noch als die Geburtsurkunde Amerikas. Allerdings beruhte die ganze Sache schlicht auf einem, besser gesagt gleich mehreren Irrtümern.

Fangen wir mit dem ersten an, dem Kolumbus bis zu seinem Lebensende unterlegen war. Der war bei seiner Landung auf den Bahamas nämlich der felsenfesten, aber nichtsdestotrotz falschen Überzeugung gewesen, den Seeweg nach Indien entdeckt zu haben und in Asien gelandet zu sein. Bis zu seinem Tod kam er keine Sekunde lang auf die Idee, dass er einen neuen Erdteil entdeckt haben könnte.

Irrtum Nummer zwei: Auch der Seefahrer Amerigo Vespucci wähnte sich 1499 bei seiner Ankunft zunächst in Asien, bis er bei seiner zweiten Reise bemerkte, dass er es mit einer »Neuen Welt«, genauer gesagt, der Küste Südamerikas, zu tun hatte. Seine Reiseerfahrungen hielt er in einem Reisebericht mit dem Titel »Mundus Novus« ausführlich fest. Was wiederum Ringmann und Waldseemüller dazu bewog, den eigenständigen Erdteil nach seinem vermeintlichen Entdecker Amerigo Vespucci zu benennen. Da die Namen bereits entdeckter Kontinente allesamt eine weibliche Endung besaßen, wurde dessen Vorname konsequenterweise in »America« umgewandelt. 1507 tauchte »America« erstmals auf der berühmten Weltkarte von Waldseemüller, seinem Erdglobus sowie in der von Ringmann verfassten zugehörigen Begleitschrift »Cosmographiae Introductio« auf. Und wie das so ist mit Irrtümern – was einmal in der Welt ist, lässt sich nicht mehr so schnell korrigieren, obwohl Waldseemüller auf die Bezeichnung »America« in einem neueren Kartenwerk von 1513 verzichtete.

Die imposante Weltkarte Waldseemüllers ist heute in der Library of Congress in Washington ausgestellt. Mit einem Kaufpreis von zehn Millionen Euro gilt sie als das wertvollste kartografische Werk der Welt.

Martin Waldseemüller wurde um 1472/1475 in Wolfenweiler vermutlich in der heute noch existierenden Binzenmühle als Sohn eines Metzgers geboren. 1480 zog die Familie nach Freiburg um. 1490 schrieb sich Waldseemüller an der Freiburger Universität als Student der Geografie und Mathematik ein. Nach dem Studium ging er nach Basel, wo er das Schnitzen von Holzdruckstöcken erlernte. In Straßburg schließlich wurde er im Druckerhandwerk ausgebildet, bis ihn das Gymnasium Vosagense in St. Dié, Lothringen, eine kleine Gruppe von Gelehrten, als Kartografen anstellte.

Und obwohl er selbst nie einen Fuß auf andere Kontinente gesetzt haben dürfte, prägte er Anfang des 16. Jahrhunderts das Bild von der Erde ganz entscheidend mit.

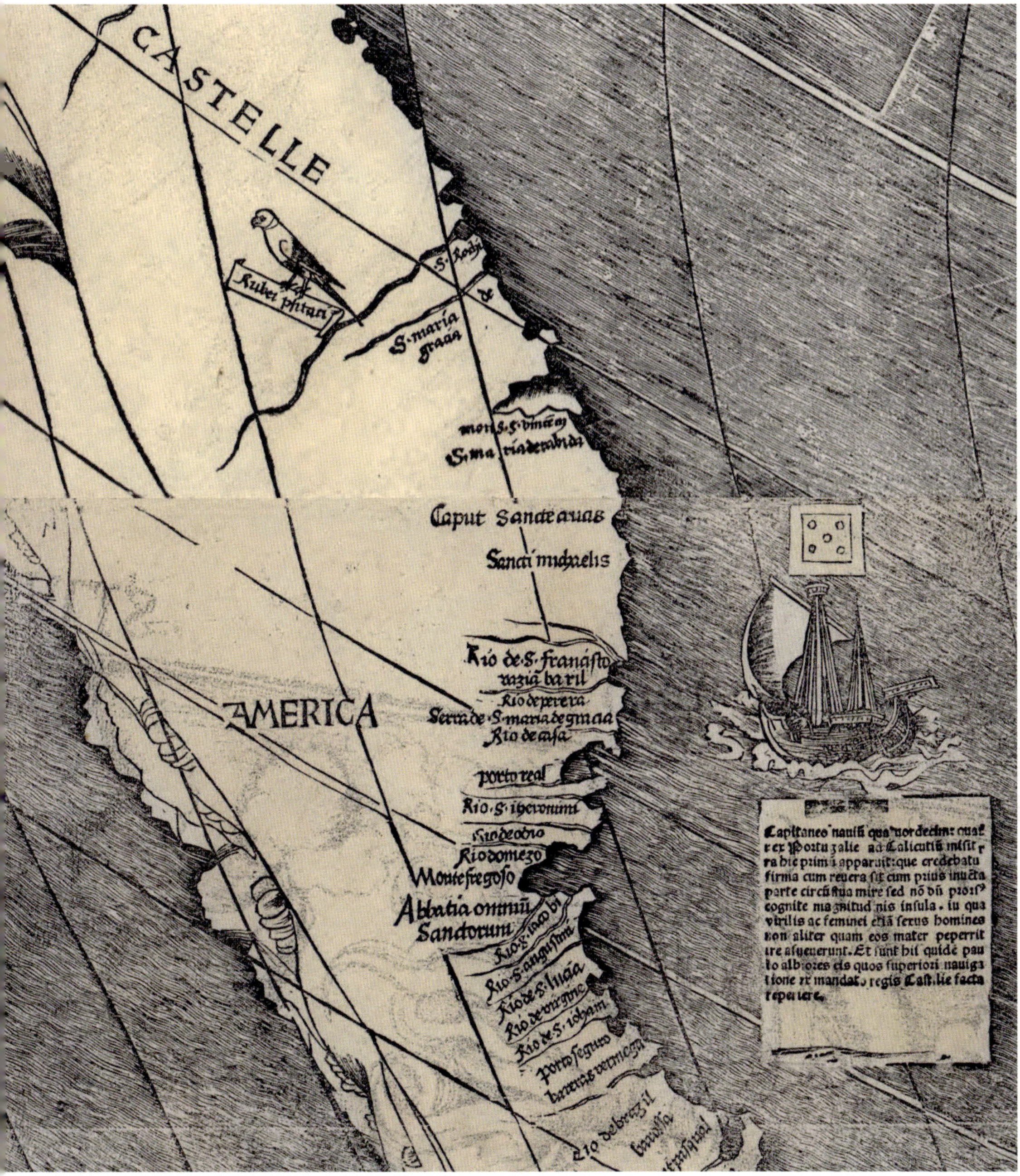

Die Bezeichnung »America« tauchte erstmals auf Martin Waldseemüllers berühmter Weltkarte auf.

Joß Fritz und der Bundschuh

Gesucht wird Jodokus (genannt Jos) Fritz. Der Hauptmann hat ein Male (is swarz) uf der linken Hand und hat ein silberin Rink an der Hant, tregt ein swarzen französischen Rock und ein ziegelfarwen Rock … So steht es auf einem Fahndungsplakat, das im Herbst 1513 an die Münstertür angeschlagen wurde.

Der Gesuchte gilt als Verschwörer, Unruhestifter und Rebell, die Freiburger erklären ihn zum gefährlichen Aufrührer und gehen mit größter Härte gegen seine Gefolgsleute vor. Ihn, den Anführer, sollten sie jedoch nicht schnappen.

Was wurde Joß Fritz zur Last gelegt? Wer war dieser Mann? Geboren wurde er wohl um 1470 in Untergrombach (Bruchsal). Sein Name findet sich erstmals 1502 in den Akten. Da hatte er sich als Mitglied einer Bundschuhbewegung in seinem Heimatort hervorgetan. Unter dem Symbol des Schnürschuhs des einfachen Volkes versammelten sich vielerorts aufständische Bauern, die sich gegen die Ausbeutung durch ihre Ortsherren auflehnten. Diese stellten immer höhere Forderungen und gewährten gleichzeitig immer weniger Schutz gegen marodierende Söldnerbanden.

Die geplante Rebellion in Untergrombach scheiterte jedoch, und Joß Fritz floh. Aus den folgenden elf Jahren seines Lebens ist nur bekannt, dass er irgendwann Els Schmidin aus Stockach geheiratet hat. Erst 1513 erschien Joß wieder auf der Bildfläche. Inzwischen lebte er als Bannwart (Feldhüter) in Lehen bei Freiburg. Sein Gerichtsherr war Balthasar von Blumeneck, der für seine Härte gegenüber den Bauern berüchtigt war.

Mehrere Monate lang warb Joß Fritz um Anhänger für eine neue Bundschuhbewegung, und das nicht nur auf vorderösterreichischem Boden, sondern auch in der Markgrafschaft Baden. Im September trafen sich die Verschwörer auf der Hartmatte, einer Wiese, die heute unter dem Asphalt der Paduaallee begraben liegt. Da von Joß Fritz selbst keinerlei Aufzeichnungen existieren, erschließt sich uns heute nur noch aus den Berichten seiner Gegner, was er erreichen wollte. Auf der Kirchweih zu Biengen sollte das Bundschuhfähnlein flattern, um das Volk aufzurütteln und zum Kampf zu rufen. Auf der Fahne stand der Spruch: »Herr, steh deiner göttlichen Gerechtigkeit bei.« Die Rebellen wollten nicht etwa alle Lehnsherren vertreiben und töten, wie später vermutet wurde, sondern lediglich ihre althergebrachten Rechte einfordern und die Obrigkeit zur Einhaltung ihrer Pflichten zwingen.

Auch der Aufstand von Lehen scheiterte. Ein Mitverschwörer namens Michel Hanser verriet den Plan am 4. Oktober 1513. Joß Fritz gelang die Flucht in die Schweiz, seine Anhänger warf man ins Gefängnis, zehn von ihnen wurden hingerichtet. Auch Els Schmidin landete im Gefängnis, sie wurde jedoch freigelassen, als sie versicherte, nichts vom Bundschuh gewusst zu haben.

Joß Fritz tauchte 1524 noch einmal im Hegau auf, danach verliert sich seine Spur. Die Bundschuh-Aktionen gelten trotz ihres Scheiterns als wichtige Vorläufer der kurz darauf einsetzenden Bauernkriege.

◀ Joß Fritz mit Bundschuhfahne (Holzschnitt von Albrecht Dürer). ▶ In Lehen erinnert die Bundschuheiche von Thomas Rees an den Aufstand. ▼ Aufständische Bauern sammeln sich unter der Bundschuhfahne (Holzschnitt aus dem »Trostspiegel«).

1520

Alles, was Recht ist: Ulrich Zasius

Voller Begeisterung schreibt Erasmus von Rotterdam in einem Brief über den Freiburger Juristen: »Ich habe in Deutschland noch nichts gesehen, was ich so bewundert hätte wie den Charakter Ulrich Zasius. Er ist die Lauterkeit selbst (...). Dazu kommt eine wahrhaft christliche sittliche Reinheit.«

Starke Worte – und das für einen Mann, der sich offen antisemitisch äußerte! »Den Juden dürstet nach Christenblut, nach welchem diese Blutsauger Tag und Nacht lechzen«, schrieb Zasius. Das mag Erasmus jedoch nicht weiter gestört haben, da er selbst die Juden für eine »Pest« hielt.

Ulrich Zasius, dessen Hauptwerk, die »Nüwen Stattrechten und Statuten der loblichen Statt Fryburg im Pryßgow« 1520 gedruckt wurde, erblickte 1461 in Konstanz das Licht der Welt. Nach dem Studium der freien Künste in Tübingen und einigen Anstellungen als Notar und Stadtschreiber übernahm er dieses Amt 1494 in Freiburg. Zwei Jahre später wurde er Rektor der Lateinschule, doch schon 1499 gab er auch diesen Posten auf und schlug eine späte Universitätslaufbahn ein. 1506 erhielt er schließlich die ordentliche Professur für Römisches Recht.

Zeitgenossen beschreiben den Juristen als geselligen, offenen Menschen, der Späße liebte, gerne trank und gutes Essen schätzte. In seinen jüngeren Jahren war er kräftig bis untersetzt, später korpulent und in seiner Bewegung eingeschränkt. Er konnte gut mit jungen Menschen umgehen, gründete in seinem Haus Zum Wolfseck (heute Herrenstraße 7) eine private Burse und förderte begabte Studenten, darunter Johannes Eck, den späteren Gegner Luthers. Ganz im Sinne seines Vorbilds Erasmus lehnte auch Zasius (nach anfänglicher Zustimmung) die Reformen Luthers entschieden ab. Er war ferner ein glühender Anhänger Maximilians I., der ihn zu einem königlichen (später kaiserlichen) Rat im Elsass ernannte.

Was immer man menschlich von den widersprüchlichen Seiten Ulrich Zasius' halten mag – die dauerhafte Wirkung seines neuen Stadtrechtes ist unbestritten. Schon 1502 hatte ihn der Rat mit einer Reform der unübersichtlich gewordenen Rechtsordnung beauftragt. Seit dem 12. Jahrhundert war das ursprüngliche Römische Recht, an das sich die Stadtordnung knüpfte, durch Interpretationen, Glossare und Kommentare unübersichtlich und kaum noch praktikabel geworden. Zasius' großer Verdienst ist die Neugestaltung, Zusammenstellung und Vereinfachung der Vorschriften, sodass sie wieder anwendbar wurden. Dabei gelang es ihm, das Römische Recht mit dem überlieferten deutschen Recht harmonisch zu vereinen. Die so geschaffene Grundlage hatte in Freiburg bis zum 19. Jahrhundert Bestand. Auch andere Städte und Regionen orientierten sich daran: Bern, Solothurn, Basel, Rheinfelden und Frankfurt beispielsweise, ebenso Tirol und Württemberg. Ulrich Zasius starb im November 1535 und wurde in der Universitätskapelle des Münsters begraben.

Ulrich Zasius war einer der größten Rechtsgelehrten des 15. Jahrhunderts.

HVLDRICHVS ZASIVS CONSTANTIENSIS. IC.
Brisgoum patriæ præfers Huldriche Friburgum,
Iura ubi cum summa publica laude doces.

IMAGO · ERASMI · ROTERODA
MI · AB · ALBERTO · DVRERO · AD
VIVAM · EFFIGIEM · DELINIATA ·
ΤΗΝ · ΚΡΕΙΤΤΩ · ΤΑ · ΣΥΓΓΡΑΜ
ΜΑΤΑ · ΔΕΙΞΕΙ
· MDXXVI ·

1529

Ein Gelehrter geht ins Exil

Aus freien Stücken erfolgte sein Umzug nach Freiburg nun wirklich nicht. Vielmehr war es die Einführung der Reformation in Basel, die Erasmus von Rotterdam dazu bewegte, ins Exil zu gehen. Sechs Jahre verbrachte der berühmte Gelehrte und Humanist nolens volens im Breisgau, bevor er wieder in die Schweiz zurückkehrte.

Geboren wurde er 1466 als unehelicher Sohn eines Priesters. Mit etwa 14 Jahren kam er zunächst in die Schule der Brüder vom gemeinsamen Leben nach Herzogenbusch, bevor er in das Augustinerchorherrenstift Steyn bei Gouda eintrat. 1492 wurde er zum Priester geweiht. Mit dem strengen Klosterleben konnte er sich jedoch nie anfreunden, weshalb er als Sekretär in den Dienst des Bischofs von Cambrai eintrat, der ihn 1494 zum Theologiestudium an die Universität nach Paris schickte. Ab 1499 unternahm Erasmus von Rotterdam zahlreiche Reisen, so nach Italien und nach England, wo er mit wichtigen Denkern wie Thomas Morus in Kontakt kam. Viele der von ihm verfassten Schriften entstanden in diesen Reisejahren; nach heutiger Erkenntnis schrieb er rund 150 Bücher. Als Erstausgabe gedruckt wurden sie fast ausschließlich im Verlagshaus seines Freundes Johann Froben in Basel, wo sich schließlich auch Erasmus von Rotterdam 1514 niederließ. 1516 gab er eine griechisch-lateinische Ausgabe des Neuen Testaments heraus. Diese Arbeit diente Martin Luther als Grundlage für seine Übersetzung des Neuen Testaments.

Viel gemeinsam hatten die beiden Männer ansonsten nicht. Während Luther bekanntermaßen ein Hardliner war, was das dekadente Papsttum der römisch-katholischen Kirche betraf, setzte sich Erasmus von Rotterdam für »innere Reformen« ein und bat Luther um Mäßigung. Denn auch in Basel begann sich zunehmend ein äußerst strenges Reformationsregime durchzusetzen – mit Sittenvorschriften, Alkoholbeschränkung und einer Kleiderordnung für Männer und Frauen. Als 1529 Bilderstürmer im Münster Kruzifixe zerstörten und Heiligenfiguren und sakrale Ölgemälde verbrannten, flüchtete Erasmus von Rotterdam ebenso wie andere Altgläubige nach Freiburg. Dort bezog er zunächst das Haus »Zum Walfisch«, den späteren Hauptsitz der Freiburger Sparkasse, bevor er 1531 das Haus »Zum Kindlein Jesu« in der Schiffstraße kaufte.

Allerdings konnte er sich mit der Stadt nie so recht anfreunden, wie seine Briefe mehr als deutlich machten. Besonders die Gepflogenheit, Leintücher, Weingläser und Töpfe in den Bächle zu reinigen, war ihm ein Dorn im Auge. Ebenfalls beklagte er sich bitter darüber, dass die Stadt halb von Bergen umschlossen sei und kaum ein Tag ohne Wolken und Nebel vergehe.

1535 kehrte der bereits schwer erkrankte Gelehrte in aller Heimlichkeit nach Basel zurück, wo er nur ein Jahr später im Haus von Hieronymus Froben, dem Sohn seines Freundes, starb. Der katholische Priester wurde im Basler Münster beigesetzt.

Erasmus von Rotterdam, porträtiert von Albrecht Dürer.

1544

Die Bruderschaft der Bohrer und Ballierer

Als junger Prinz besuchte der spätere Kaiser Maximilian I. 1473 mit seinem Vater eine der berühmten Freiburger Edelsteinschleifereien. Er trug, der (Adels-)Mode seiner Zeit entsprechend, ausladende Schnabelschuhe und geriet mit ihnen unter ein Schleifrad. Die Schuhspitze riss ab, der Junge kam glücklicherweise mit dem Schrecken davon. Ein Holzschnitt aus dem von Maximilian in Auftrag gegebenen Ritterroman »Theuerdank« veranschaulicht die Szene.

Im 16. Jahrhundert ist immer wieder von diesen berühmten Schleifereien die Rede. Sie waren offenbar einer der wichtigsten Wirtschaftszweige jener Zeit. Spätestens seit dem 14. Jahrhundert muss das Gewerbe an Bedeutung gewonnen haben – Hausnamen wie »Zum Jaspis« oder »Zum Bohrtisch« sowie die häufige Berufsbezeichnung Ballierer zeugen davon. Die Edelsteine stammten zunächst aus dem Schwarzwald, später wurden sie angekauft: Chalzedon, Achat, Karneol, Jaspis. Sandsteine zum Schleifen waren vorhanden, ebenso die nötige Wasserkraft. Die Ballierer waren die eigentlichen Schleifer, während die Bohrer, wie der Name unschwer erkennen lässt, bei Bedarf Löcher in die Steine bohrten. Das wichtigste Produkt waren Rosenkranzperlen.

Im Jahr 1451 gründete sich eine »Bruderschaft der Bohrer und Ballierer«, die verbindliche Regeln für die Edelsteinverarbeitung festlegte. Nicht allen Handwerkern scheinen diese Vorschriften gefallen zu haben, denn einige wanderten nach Waldkirch ab und gründeten dort neue Schleifereien. Fortan gab es also in der engsten Nachbarschaft ernst zu nehmende Konkurrenz für die Freiburger! Zudem hatten die Waldkircher den Vorteil, sich nicht an irgendwelche Bestimmungen halten zu müssen. Dieser Zustand wurde erst 1544 mit der Gründung einer gemeinsamen Bruderschaft beendet. Sie hatte das Ziel, das Gewerbe vor weiterer Abwanderung zu schützen. Der Nachteil: Der Zugang zum Edelsteinhandwerk wurde erschwert, fortan waren große Geldsummen für die Lehre und den Eintritt ins Gewerbe nötig. Innerhalb der Bruderschaft setzten sich die Ballierer durch, während die Bohrer zu einfachen Gehilfen verkamen. Manche verließen deshalb die Heimat, arbeiteten an anderen Orten und scherten sich nicht mehr um ihre Geheimhaltungspflicht. Eine Krise drohte, zumal mehrere Pestjahre der Branche stark zusetzten.

Die vorläufige Rettung lag im böhmischen Granat. Die Veredelung dieses Steins hatte im Breisgau Tradition, und als die Nachfrage im gesamten Reich anstieg, erhielten die Freiburger und Waldkircher 1601 von Kaiser Rudolph II. eine Monopolstellung zugesprochen. Ein neuer Aufschwung folgte, allerdings läutete der Dreißigjährige Krieg schon siebzehn Jahre später den Untergang der Schleifereien ein. In Freiburg geriet der Wirtschaftszweig in Vergessenheit, in Waldkirch existiert bis heute die Edelsteinschleiferei Wintermantel.

▲ Arbeiter in einer Edelsteinschleiferei (Holzstich). ▼ Achat wurde in Freiburg geschliffen.

Martinstor
Ursprünglich Norsinger Tor.
Ältester erhaltener Wehr- und Torturm
der mittelalterlichen Befestigung.
(Bauholz 1201/02 geschlagen).
1901–03 von C. Schäfer um fast das
Dreifache erhöht.
| english
| français
| italiano
Hexen-
verbrennung
Margaretha Mößmerin
Catharina Stadellmenin
Anna Wolffartin
enthauptet und verbrannt
am 24. März 1599.
Die Stadt Freiburg i. Br. eh
ihr Andenken an diesem
Platz stellvertretend für all
Frauen, die dem Hexen-
wahn zum Opfer fielen.
Das Leiden dieser und
aller unschuldig gequälter
Menschen ist uns Leben-
den Mahnung zu Toleranz
und Menschlichkeit.

1603

Opfer des Hexenwahns

Wir schreiben das Jahr 1603. Und wieder findet in der Stadt ein Hexenprozess statt. Dieses Mal gegen die »Lohnwäscherin Ursula Gatterin aus Waldkirch«, die im August desselben Jahres enthauptet und verbrannt wird, nachdem sie unter der Folter ihre vermeintliche Schuld eingestanden hat.

Sie war nicht die Einzige, die diesem Wahn zum Opfer fiel. Als erste urkundlich erwähnte »Hexe« wurde Anna Schweizerin 1546 auf den Scheiterhaufen gezerrt, 1599 wurden weitere zwölf Frauen hingerichtet, unter ihnen die Ratswitwen Margaretha Mößmerin, Anna Wolffartin und Catharina Stadellmenin.

Der Fall Ursula Gatterin sollte jedoch die Freiburger Richter auch noch nach der Vollstreckung des Urteils beschäftigen. Denn ihre erst 14-jährige Tochter Agatha gab aus freien Stücken an, »daß es nit allein zum zehenden mal bey Hexenzusammenkünfften mit gedachter seyner Mutter gewäsen, sondern auch sich Gottes und seyner Heiligen verläugnet und vom bösen Geist zu zwei underschidlichen malen beschlaffen worden sei«. Vermutlich war ihr Schuldeingeständnis ein letzter verzweifelter Versuch, der grausamen Tortur, die ihre Mutter vor ihrer Hinrichtung erleiden musste, zu entgehen.

Den Richtern jedenfalls bereitete die Behauptung des Mädchens gewaltiges Kopfzerbrechen, nicht zuletzt deshalb, weil in Freiburg noch nie ein Hexenprozess gegen ein Kind geführt worden war. So wurde ein gewisser Theodor Metzger, seines Zeichens Rechtsgelehrter der Universität Freiburg, um ein Gutachten gebeten, wie dieser besondere Fall zu handhaben sei. Das Ergebnis seiner juristischen Überlegungen stellte Metzger im November desselben Jahres vor: Demnach sollte Agatha bis zu ihrem 16. Lebensjahr im Kerker verbleiben. Und falls der Verdacht auf Hexerei bis dahin immer noch nicht eindeutig ausgeräumt sei, könne man sie der Folter unterziehen und gegebenenfalls hinrichten.

Doch zu Agathas Glück griff daraufhin Johannes Pistorius, der seit 1589 in Freiburg lebte, in den Prozess ein. Der in Hessen geborene Arzt, Jurist und Theologe, selbst Vater von vier erwachsenen Kindern, hegte nämlich keinerlei Zweifel daran, dass Agathas Behauptungen falsch waren. Er schlug vor, das Mädchen von geschworenen Hebammen und Frauen untersuchen zu lassen, ob sie noch Jungfrau sei. Falls ja, wäre ihre Aussage, Geschlechtsverkehr mit dem Teufel gehabt zu haben, gegenstandslos und sie selbst frei von jeder Schuld, so seine Schlussfolgerung.

Drei Tage später konnte die Jungfräulichkeit von Agatha eindeutig festgestellt und damit ihre Unschuld bewiesen werden. Auf Anraten von Pistorius wurde sie begnadigt, wie im Vergichtbuch (Buch der Geständnisse) festgehalten wurde, und auf freien Fuß gesetzt. Zudem hat er dafür gesorgt, dass Agatha bei einer Pflegefamilie in Konstanz untergebracht wurde. Nach diesem Fall gab es in der Münsterstadt bis 1611 keine Hexenverbrennung mehr. Heute befindet sich am Martinstor eine Schrifttafel, die an die Hexenverfolgung in Freiburg erinnert.

Eine Gedenktafel am Martinstor erinnert an die Opfer des Hexenwahns.

1620

Ein Garten für Studenten und Wissenschaftler

Gut, die Leipziger kamen schon 1580 auf die Idee, einen Botanischen Garten einzurichten, doch auch jener in Freiburg, der 1620 als »Hortus Medicus« beim heutigen Stadtgarten angelegt wurde, zählt zu den ersten in Deutschland.

Ob Augentrost, Baldrian, Kamille oder Johanniskraut – Wissenschaftler und Studenten konnten ab sofort sowohl theoretisch als auch praktisch die Heilkraft diverser Pflanzen erforschen. Offensichtlich so erfolgreich, dass der Garten in den Statuten der Medizinischen Fakultät von 1624 als eigenständige Lehrstätte gewürdigt wurde.

Nun war zwar damals schon gegen vieles ein Kraut gewachsen, doch keines, das gegen kriegerische Auseinandersetzungen geholfen hätte: Erstmals wurde der Garten im Dreißigjährigen Krieg zerstört, 1677 musste er den von Vauban geplanten Festungsanlagen Platz machen, nachdem die Stadt von den Franzosen annektiert worden war. 1766 entstand dann ein neuer, etwa 2,7 Hektar großer Botanischer Garten, dieses Mal bei der heutigen Kronenbrücke direkt an der Dreisam. Auch dieser diente ausschließlich Forschung und Lehre, zumal Naturwissenschaften und Botanik in der Renaissance zunehmend an Bedeutung gewannen. Trotz erneuter Kriegswirren und Überschwemmungen durch die Dreisam blühten und gediehen hier ab 1829 rund 3000 Pflanzenarten, deren Samen weltweit mit anderen Botanischen Gärten ausgetauscht wurden.

Irgendwann musste auch diese Anlage aufgegeben werden – zum einen, weil sie den Forschungszwecken nicht mehr genügte, zum andern, weil die Fläche anderweitig benötigt wurde. Als neuer Standort wurde das Institutsviertel auserkoren, wo um 1880 ein Garten mit einer beachtlichen Sammlung an Bäumen entstand. Erstmals war der Zutritt auch interessierten Besucherinnen und Besuchern erlaubt, die nichts mit der Universität zu tun hatten, sondern sich schlicht an der üppigen Flora erfreuen wollten.

1914 zog der Botanische Garten erneut um, dieses Mal an seinen heutigen Standort in Herdern. Auch diese 1920 fertiggestellte Anlage bot jede Menge Wissenswertes rund um Pflanzen und Bäume. Die Freilandanlage war in verschiedene geografische Bereiche aufgeteilt worden; üppige Vegetationen, wie sie in Asien und Amerika zu finden waren, konnten ebenso bestaunt werden wie ein Mediterraneum, alpine Vegetation und Sümpfe.

Nach seiner Zerstörung beim Luftangriff 1944 wurde der Garten zusammen mit den Gewächshäusern wieder aufgebaut. In den 1960er und 1970er Jahren entstanden dann das moderne Institutsgebäude, neue Gewächshäuser und ein Betriebsgebäude. Das wissenschaftliche Konzept der Anlage, das 1965 vom damaligen Direktor Dieter Vogellehner umgesetzt wurde, ist hingegen unverändert geblieben, denn die Evolution der Pflanzen steht nach wie vor im Mittelpunkt. Und noch immer dient der Garten den Besuchern als Oase der Ruhe und Erholung.

Ein Ort für Pflanzenliebhaber und Erholungssuchende: der Botanische Garten.

LORETTOKAPELLE ERRICHTET 1657
ZUM GEDENKEN AN DIE BLUTIGSTEN
KÄMPFE UM FREIBURG WÄHREND
DES DREISSIGJÄHRIGEN KRIEGES
1644 STANDEN HIER FRANZÖSISCHE
UND WEIMARSCHE TRUPPEN UNTER
TURENNE UND D'ENGHIEN DEN
BAYERN UNTER MERCY GEGENÜBER
1744 BEOBACHTETE LUDWIG XV
VON DIESEM PLATZ AUS DIE
BELAGERUNG DER STADT FREIBURG

1644

Erbitterte Schlacht um Freiburg

Auslöser eines der längsten und grausamsten Kriege auf deutschem Boden war der Fenstersturz in Prag 1618. Was zunächst als erbitterte Auseinandersetzung zwischen Katholiken und Protestanten begann, verwandelte sich bald zu einem Kampf um die Vormachtstellung in Europa, der dreißig Jahre dauerte und zahlreiche Opfer forderte.

Sah es zunächst noch danach aus, als sollte das unter der katholischen Herrschaft der Habsburger stehende Freiburg noch einigermaßen glimpflich davonkommen, änderte sich das mit dem Eingreifen der Schweden, die 1632 unter dem Kommando des Grafen Gustav Horn die Stadt übernahmen. Und wieder bestimmten Not und Hunger das Leben der sowieso schon durch Missernten und wirtschaftliche Not gebeutelten Bürger, die für die Eroberer Quartiere und Lebensmittel bereitstellen mussten.

1633 zwang die spanische Streitmacht zwar die schwedische Besatzung zum Rückzug, aber das Elend der Freiburger ging auch unter der katholischen Herrschaft weiter, da das kaiserlich-spanische Heer den Schweden in nichts nachstand, wenn es ums Rauben und Morden ging. Sein Aufenthalt in Freiburg stellte jedoch nur ein kurzes Intermezzo dar, denn nur ein Jahr später drangen die Schweden schon wieder in die Stadt ein. Mit dem Kriegseintritt von Frankreich spitzte sich die Lage weiter zu, als der mit den Franzosen verbündete Herzog Bernhard von Sachsen-Weimar 1638 die durch Seuchen und Plünderungen geschwächte Stadt erfolgreich angriff.

Im Juli 1644 gelang es der kurbayrischen Truppe, die für die Österreicher kämpfte, unter dem Kommando von Generalfeldmarschall Franz von Mercy, die Stadt zurückzuerobern. Gleichzeitig rückten jedoch zwei französische Armeen an, um die Bayern zu vertreiben. Die eine wurde von Marschall Turenne angeführt, die andere stand unter dem Kommando des Herzogs von Enghien, eines Cousins Ludwigs XIV.

Am 3. August 1644 standen sich dann bei Ebringen sowie am Lorettoberg eine 15000-köpfige bayerische Armee unter der Führung des Feldmarschalls Franz von Mercy und die ungefähr gleich starken französischen Heere gegenüber. Nach erbitterten Gefechten endete die Schlacht auf französischer Seite mit etwa 5000 bis 6000 Gefallenen, auf der Reichsseite kamen rund 1500 Soldaten ums Leben. Obwohl jede Partei den Sieg für sich reklamierte, gab es keinen eindeutigen Gewinner. Freiburg verblieb bei dem Bayern Mercy, Breisach bei den Franzosen. Eindeutig auf der Verliererseite stand hingegen die Stadt Freiburg, die noch lange brauchte, um sich von den Kriegswirren zu erholen. Heute noch erinnert eine Inschrift an der Lorettokapelle an die Schlacht.

▲ Eine Inschrift gedenkt der Opfer der blutigen Schlacht von 1644. ▼ Die Lorettokapelle wurde zur Erinnerung an die Schlacht um den Lorettoberg gestiftet.

1677

Vive la France?

Der klangvolle Name Sébastien le Prestre Marquis de Vauban ist jedem Franzosen ein Begriff. Er ist aber nicht nur mit unzähligen Städten in Frankreich untrennbar verknüpft, sondern auch mit der Geschichte Freiburgs. Unter der Leitung des berühmten Festungsbaumeisters bekam die Stadt von 1679 bis 1686 ein vollkommen neues Gesicht.

Als die Schrecken des Dreißigjährigen Krieges 1648 endlich ein Ende nahmen, war die französische Grenze an den Rhein vorgerückt, und Freiburg befand sich plötzlich in der ungewohnten Position einer Grenzstadt. Der mächtige Sonnenkönig Ludwig XIV. streckte seine Fühler jedoch auch nach rechtsrheinischem Gebiet aus. 1677 konnte die kaum befestigte Stadt Freiburg bereits nach wenigen Tagen der Belagerung erobert werden.

Freiburg unter der Krone Frankreichs! Das blieb natürlich nicht ohne weitreichende Folgen. Die vorderösterreichische Regierung floh nach Waldshut, die Universität nach Konstanz. Zurück blieb die seit dem Dreißigjährigen Krieg stark dezimierte und verarmte Bevölkerung.

Frankreich verfolgte das Ziel, einen schützenden Gürtel aus Festungen um sein Reichsgebiet zu legen. Schon zwei Jahre nach der Eroberung machte sich Sébastien de Vauban auch in Freiburg an die Arbeit. Da die Stadt ringsum von Hügeln umgeben ist, ließ sie sich leicht beschießen und recht problemlos einnehmen. Vauban befestigte deshalb zunächst den Schlossberg. Um von dort eine freie Schusslinie zu haben, wurden alle umliegenden Dörfer und Vorstädte dem Erdboden gleichgemacht. Die einzige Ausnahme bildete die »Schneckenvorstadt«, südlich der Altstadt, sie wurde in die Festung einbezogen.

Dass Ludwig XIV. hauptsächlich ein militärisches Interesse an Freiburg hatte, verdeutlicht auch sein Besuch im Jahr 1681, als er am 17. und 18. Oktober im Basler Hof residierte. Der Sonnenkönig höchstpersönlich! Ein glanzvoller Tag für die Stadt, sollte man meinen. Aber so war es mitnichten. Der Monarch demütigte die Vertreter der Rates, die zum Empfang herbeigeeilt waren, indem er sie endlos warten ließ und dann kaum beachtete. Einzig das Gespräch mit den Offizieren war ihm wichtig.

Mit dem Frieden von Rijswijk endete 1697 das französische Intermezzo. Zwar gab es auch später immer wieder Angriffe von Seiten Frankreichs, aber Habsburg behielt langfristig die Oberhand. 1745 zerstörten die Franzosen beim Rückzug aus der Stadt Vaubans Festung, sodass Freiburg abermals sein Gesicht wandelte.

Heute ist nur noch das Breisacher Tor (Ecke Rempartstraße / Gartenstraße) von der Freiburger Festung übrig geblieben. Und natürlich Vaubans Name, der den jungen Stadtteil zwischen Freiburg und Merzhausen benennt, auf dessen Gebiet sich bis in die 1990er Jahre die gleichnamige französische Kaserne befand.

Porträt des bedeutenden Festungsbaumeisters Vauban (von Hyacinthe Rigaud).

EUPHEMIA DORER
1667 – 1752
R.I.P.
GESTORBEN

1699

Euphemia Dorer: Mystikerin, Lehrfrau und Bauherrin

Frauen hatten in der Frühen Neuzeit nicht gerade viele Möglichkeiten, aus dem Schatten der Männer herauszutreten, um selbst Geschichte zu schreiben. Sie waren Mütter, Arbeitskräfte und dem Mann zu Gehorsam verpflichtet. Und sie waren meist von jeglicher Bildung ausgeschlossen. Wenn sie es ohne Mann zu etwas bringen wollten, war das Kloster die einzige Möglichkeit. Aber auch das stand nur Mädchen aus wohlhabenden Familien offen.

Im Jahr 1696 kamen einige Nonnen der Ursulinen von Dôle nach Freiburg. In Privathäusern begannen sie, Töchter wohlhabender Bürger zu unterrichten. Auch Maria Euphemia Dorer hatte Glück. Sie wurde 1667 als Tochter einer angesehenen Familie in Baden (Aargau) geboren und erhielt eine gute Ausbildung im Kloster der Ursulinen von Luzern, dem sie schließlich als Novizin beitrat. Schon bald erwarb sie sich einen Ruf als Mystikerin. Sie hatte Visionen, in denen Jesus zu ihr sprach. Ihre Deutungen und Lehren genossen hohes Ansehen. Dies steigerte sich noch, als ihr zu Fronleichnam 1697 eine Stigmatisation – das Auftreten der Wundmale des gekreuzigten Christus – zuteilwurde. Vielleicht brauchte sie solche Erlebnisse, um ihren Lehren Gewicht zu verleihen? Ihre Worte wären ohne die Legitimation durch den Herrn sicher nicht weniger klug gewesen, hätten aber vermutlich weniger Beachtung gefunden.

1699 kam Euphemia Dorer nach Freiburg, wurde zunächst Lehrfrau und 1706 zur Oberin gewählt. Sie trug maßgeblich zur Gründung einer Herz-Jesu-Bruderschaft bei und ließ das Schwarze Kloster erbauen. Der Name bezieht sich auf die tiefschwarze Nonnentracht der Ursulinen und stand im Gegensatz zum Weißen Kloster, dem Adelhauser Kloster, nach der helleren Tracht der Dominikanerinnen benannt. Kaum vollendet, wurde der Bau gleich wieder empfindlich beschädigt. Als 1713 die Franzosen die Stadt belagerten, trafen etwa achtzig Kanonenkugeln das Gemäuer.

Euphemia Dorer ging 1716 für neun Jahre zurück nach Luzern, aber ihre Aufgabe in Freiburg war noch nicht beendet. 1725 wurde sie erneut zur Superiorin gewählt. Sie ließ das Kloster wieder aufbauen – und als es 1744/45 zum zweiten Mal durch die Franzosen zu schweren Zerstörungen am Gebäude kam, stand sie der Oberin mit Rat und Tat zur Seite. Unumstritten ist Euphemia Dorers Bedeutung für die Mädchenbildung. Das St.-Ursula-Gymnasium ist mit weit über tausend Schülerinnen heute das größte Gymnasium in Freiburg.

Nicht einmal der Leichnam dieser tatkräftigen Frau sollte so schnell Ruhe finden. Mehrmals musste er umziehen, bevor er 1947 wieder dorthin gelangte, wo er ursprünglich begraben war: in die Nonnengruft unter der Klosterkirche. Ein uralter Weinstock, so geht die Legende, habe seine Wurzeln tief in ihr Grab gesenkt und somit eine Verbindung zwischen Leben und Tod geschaffen. Der Mystikerin hätte das bestimmt gefallen!

Euphemia Dorers Grab in der Nonnengruft unter der Sakristei des Klosters.

1710

Ein Künstler mit großem Herzen

Er war Stadtrat in Freiburg, aber vor allem einer der bekanntesten Barock-Künstler in Süddeutschland, der zahlreiche Werke hinterlassen hat. Als Sohn des »Herrenmüllers« Joachim Wentzinger kam Johann Christian Wentzinger am 10. Dezember 1710 in Ehrenstetten zur Welt. Seine Gesellenzeit verbrachte er in Straßburg, Studienreisen führten ihn nach Rom und Paris.

Was er in dieser Zeit gelernt hatte, stellte er anschließend eindrucksvoll im gesamten Breisgau und den angrenzenden Regionen unter Beweis. Um Aufträge musste er sich keine Sorgen machen. Ob Mitglieder des vorderösterreichischen Adels oder Klöster, darunter die Abteien Sankt Peter und Sankt Blasien, ob die Freiherren von Sickingen oder die Fürstbischöfe von Konstanz – sie alle wussten seine außergewöhnliche Begabung als Bildhauer, Architekt und Maler zu schätzen.

Zu Wentzingers viel beachteten Werken zählte beispielsweise die Ausgestaltung der Kirche in St. Gallen, wo unter seiner Regie beeindruckende Steinplastiken, Stuckfiguren und Deckenmalereien entstanden. Seine Arbeit wurde großzügig honoriert, jedenfalls konnte er es sich nach diesem Auftrag leisten, das stattliche Haus »Zum Schönen Eck« am Freiburger Münsterplatz zu bauen, in dem er 36 Jahre seines Lebens verbrachte. Prunkstücke in dem über zwei Stockwerke reichenden Treppenhaus sind die freitragende Treppe mit Galerie und das allegorische Deckengemälde. Ein Blickfang im Hof sind die menschengroßen Sandsteinfiguren der »Vier Jahreszeiten«, die er für das Schloss in Ebnet geschaffen hatte. Auch im Freiburger Münster hat der Künstler seine Spuren in Form des Grabmals für General von Rodt, seines Zeichens letzter Kommandant der Festung Breisach, und mit seinem Entwurf für den Taufstein des Münsters hinterlassen. Nicht zu vergessen die Triumphbögen, die er anlässlich der Brautfahrt von Prinzessin Marie Antoinette errichtete.

Noch zu Lebzeiten wurde er zum Freiburger Ehrenbürger und Ehrenstadtrat ernannt. Als Künstler mehr als erfolgreich, war ihm indes weniger Glück in der Liebe beschieden – um die Hand der Bürgermeistertochter Katharina Egg hatte er sich vergeblich bemüht. Wentzinger starb am 1. Juli 1797 und wurde auf dem Alten Friedhof begraben. Zuvor hatte er versprochen, sein Vermögen dem Freiburger Stiftungsfonds zu vererben – unter einer Bedingung: Seine Grabstätte auf dem alten Friedhof müsse für ewige Zeiten gesichert sein.

»Er durchlebte ein Jahrhundert – durch ihn leben Jahrhunderte« kann man deshalb noch heute auf seinem Grabmal lesen. Und noch immer ist sein Name in Freiburg präsent. Neben dem Wentzingerhaus auf dem Münsterplatz, dem heutigen Museum für Stadtgeschichte, gibt es eine Straße und eine Schule, die nach ihm benannt wurden.

▲ Johann Christian Wentzingers Haus »Zum Schönen Eck« am Münsterplatz. ▼ Die Fassade des Wentzingerhauses wird von eindrucksvollen Maskenköpfen verziert.

MUSEUM

1757

Frauen gehen auf die Barrikaden

Im Lauf der Jahrhunderte gab es einige spektakuläre Protestaktionen in Freiburg, doch die wenigsten haben es geschafft, in die Stadtgeschichte einzugehen. Zu Letzteren gehört der sogenannte Weiberkrieg, der sich im Jahr 1757 abspielte und bei dem es couragierten Frauen gelang, ihre Ehemänner aus dem Gefängnis zu befreien.

Natürlich hatte die Angelegenheit ein Vorspiel. Tiefer Winter war's, als sich die Mehl- und Getreidehändler Martin Imbery und Peter Jehle von Freiburg aus auf den Weg nach Heuweiler machten, um ihren Geschäften nachzugehen. Leider kamen sie dabei vom rechten Weg ab, denn unterwegs beschlossen sie, einen Hasen zu erlegen – was nun eindeutig den Tatbestand der Wilderei erfüllte. Doch damit nicht genug: Als sie das Tier durchs Unterholz verfolgten, verließen sie das Gebiet der Habsburger, zu dem Freiburg gehörte, und landeten auf dem Territorium von Baden-Durlach. Dort wurden sie von empörten Bauern gestellt, die Peter Jehle eine ordentliche Ladung Schrot ins Bein verpassten. Dennoch gelang den Männern die Flucht.

Allerdings war die Angelegenheit damit noch lange nicht vom Tisch, denn aufgrund des Vorfalls entwickelte sich ein gewaltiger Hickhack zwischen den Vorderösterreichern und den Badenern, die vehement auf die Auslieferung der Wilderer bestanden. Und wie das eben mit bürokratischen Angelegenheiten so ist, wurde der Schriftverkehr zunehmend umfangreicher und der Fall zog sich immer mehr in die Länge. Doch da man die guten nachbarschaftlichen Beziehungen zu Baden-Durlach dann doch nicht wegen zweier Gesetzesbrecher nachhaltig gefährden wollte, wurden Jehle und Imbery schließlich am 16. August 1757, also mehr als ein Jahr später, vom damaligen Bürgermeister Kreysser in Gewahrsam genommen und im Turm »Zum Schaub« eingesperrt, um sie der Markgrafschaft Baden-Durlach, sprich dem Amtsgericht in Emmendingen, zu überstellen.

Die Nachricht ging wie ein Lauffeuer durch die Stadt. Vor allem die Vorstellung, dass man gute katholische Freiburger den »schrecklichen Peinigungen der Lutheraner« aussetzen wollte, erregte die Gemüter. Angefeuert von Brigitta Jehlin, der schwangeren Ehefrau von Peter Jehle, versammelten sich wütende Freiburger vor dem Rathaus, um von der Obrigkeit die Befreiung der Männer zu fordern. Als sich der Bürgermeister jedoch wenig gewillt zeigte, ihren Forderungen nachzugeben, stürmten die Aufständischen, angeführt von Bratpfannen schwingenden Weibern, zum Turm. Dort schlugen sie zunächst mit Äxten auf die schwere Tür ein. Als diese nicht nachgab, besorgten stramme Metzgergesellen einen Balken und setzten ihn als Rammbock ein, um Jehle und Imbery zur Flucht zu verhelfen.

Zwar gelang die spektakuläre Befreiungsaktion, doch Brigitta Jehlin, die den Aufruhr ausgelöst hatte, musste sich später vor Gericht verantworten. Allerdings kam sie mit einer relativ milden Strafe davon: Sie musste eine Stunde am Pranger stehen. Noch heute erinnert die 1990 gegründete närrische Freiburger Frauenzunft »Die Turmsträßlerinnen« an jene Ereignisse im Jahr 1757.

Der Name der Turmstraße geht zurück auf das damalige Gefängnis, den Turm »Zum Schaub«.

1770

Prinzessin auf Brautfahrt

Es bedarf keiner allzu großen Fantasie, um sich vorzustellen, welche Aufregung in Freiburg herrschte, als der Besuch einer Habsburger Prinzessin angekündigt wurde. Alle Hebel wurden in Bewegung gesetzt, um Marie Antoinette, Tochter der Landesherrin Maria Theresia, am 4. Mai 1770 einen würdigen Empfang zu bereiten.

Wie man sich denken kann, kam die Vierzehnjährige nicht allein. Im Gefolge hatte sie vielmehr 250 Fürsten, Grafen, Gräfinnen, Hofdamen, Lakaien, Knechte, 57 Wagen und 450 Reit- und Zugpferde, die sie auf ihrer Brautfahrt von Wien nach Versailles begleiteten, wo ihr zukünftiger Gemahl, der spätere König Ludwig XVI., auf sie wartete. Mit dieser Verbindung sollte der 1756 geschlossene Frieden zwischen Frankreich und Österreich besiegelt werden.

Natürlich wollten sich die Freiburger angesichts des hohen Besuchs von ihrer besten Seite präsentieren. So wurde bereits ein Jahr zuvor damit begonnen, die Stadt gründlich herauszuputzen. Nördlich der Dreisam wurden die Dreisam- und Schreiberstraße angelegt, die Hauptgassen wurden neu gepflastert und die Häuserfassaden frisch geweißelt; ebenso wurden die Häusernamen entfernt und stattdessen Nummern angebracht. Die Drachenköpfe an den Dachrinnen mussten ebenfalls weichen und wurden durch Rohre ersetzt, die bis zur Erde reichten. Darüber hinaus wurden drei Ehrenpforten aus Stuck und Holz errichtet.

Am 4. Mai 1770 war es dann endlich so weit: Begleitet von Glockengeläut und Böllerschüssen traf die Prinzessin nebst Gefolge am frühen Nachmittag in Freiburg ein. Quartier bezog sie im freiherrlichen Kageneck'schen Haus »Zum wilden Mann« an der Salzstraße, das eigens dafür renoviert worden war. Viel Zeit, um sich von den Strapazen der Reise zu erholen, blieb Marie Antoinette nicht, denn schon am Abend erwartete sie ein Unterhaltungsprogramm vom Feinsten – nebst einem von unzähligen Lämpchen beleuchteten Münsterturm.

Auch am folgenden Tag war der Prinzessin nur wenig Freizeit vergönnt. Nach einem Festgottesdienst im Münster ging es Schlag auf Schlag weiter mit Umzügen, Paraden und Theateraufführungen.

Am 6. Mai brach Marie Antoinette dann in die Reichsabtei Schuttern auf, bevor sie am darauffolgenden Tag erstmals französischen Boden betrat. Der französische Adel indes zeigte sich wenig entzückt über die Österreicherin und machte aus seiner Abneigung keinerlei Hehl. Was ihr an Zuneigung versagt blieb, kompensierte Marie Antoinette bekanntermaßen mit teuren Kleidern und kunstvollen Frisuren, während ihr Volk Hunger litt. Als »Witwe Capet« wurde Marie Antoinette schließlich am 16. Oktober 1793 von den Revolutionären hingerichtet. Ihre letzten Worte waren »Pardon, Monsieur«. Die wenige Jahre zuvor noch in Freiburg so umjubelte Prinzessin war versehentlich auf den Fuß des Scharfrichters getreten.

Marie Antoinettes Brautfahrt führte auch durch Freiburg.

Leo
Bäckerei & Cafe
Frühstück am Leo
STEAKHOUSE
TAPAS BAR
EL TORO

1773

Ein großzügiger Menschenfreund

Geboren wurde Philipp Merian am 5. Mai 1773 als eines von acht Kindern eines reichen Basler Kaufmanns. Mit zwölf Jahren begann er eine Handelsausbildung in Amsterdam, die er aber wegen einer Krankheit abbrechen musste. Nach kurzem Universitätsbesuch in Freiburg wechselte er an die Bergakademie Freiberg in Sachsen, wo er Bergbau und Hüttenwesen studierte.

Seine Studien vertiefte er auf mehreren Auslandsreisen, unter anderem in Paris, wo er sich während der Französischen Revolution aufhielt. Doch Merian geriet wegen seiner angeschlagenen Gesundheit unverschuldet in finanzielle Schwierigkeiten und musste mit leeren Taschen nach Basel zurückkehren. Seine Familie ließ ihn jedoch nicht im Stich. Mit dem Geld, das sie ihm zur Verfügung gestellt hatte, gründete er ein Eisenwerk in Wehr. Das Geschäft lief offensichtlich blendend, denn Philipp Merian konnte sich 1818 mit 45 Jahren als »Rentier« in Freiburg, wo bereits seine Schwester lebte, zur Ruhe setzen. Das Eisenwerk hatte er zuvor an das Großherzogtum Baden verkauft.

Fortan galt das Wirken des Junggesellen denjenigen, die vom Glück weniger begünstigt waren als er. Er erwarb das alte Schneckenwirtshaus am Münsterplatz und übergab es der Städtischen Waisenanstalt, deren bisheriges Domizil zu klein geworden war. Einige Jahre später kaufte er das Nachbarhaus, um noch mehr elternlosen Kindern eine neue Heimat verschaffen zu können. Merian stellte jedoch nicht nur sein Geld zur Verfügung, sondern kümmerte sich auch persönlich um das Wohlergehen der Waisenkinder.

Auch andere kamen in den Genuss seiner Großzügigkeit. So unterstützte Merian arme und gebrechliche Dienstboten und sorgte dafür, dass Bedürftige Mietzuschüsse erhielten. Ebenfalls rief er Schulstiftungen ins Leben, um ärmeren Kindern eine Ausbildung zu ermöglichen, und verhalf zwei mittellosen Studenten mit einem Stipendium zu einem Studium an der Freiburger Universität. Die Stadt wiederum dankte ihrem großherzigen Mäzen, indem sie ihn 1824 zum Ehrenbürger ernannte.

1826 begann Merian mit dem Bau eines markanten Eckhauses am Eingang zur Habsburger Straße. Der einzige Wermutstropfen war zunächst noch das sich dort befindende Christophtor, das sich schon länger als Verkehrshindernis vor allem für Heuwagen entpuppt hatte. Doch Merian löste das Problem, indem er der Stadt das Tor abkaufte und es abreißen ließ. Nach der Fertigstellung des Hauses verfügte Merian – immer noch ledig – über 16 Zimmer, zwei runde Säle und eine Orangerie. 1841 verkaufte er das Haus an einen Weinhändler und bezog sein neues Domizil in der Stephanienvorstadt am Martinstor.

Während der Badischen Revolution zog er sich erneut nach Basel zurück. Freiburg sollte er nie mehr sehen: Philipp Merian verstarb ohne Nachkommen am 26. Juli 1848 und wurde im Basler Münster begraben. Die Freiburger Stiftungen hatte er zuvor großzügig mit 269 167 Gulden in seinem Testament bedacht.

▲ Das Merian-Sautiersche Haus, 1826 an der Ecke von Leopoldring und Habsburgerstraße erbaut. ▼ Das Haus von Philipp Merian verfügte über 16 Zimmer, zwei runde Säle und eine Orangerie.

1775

Ein Streiter für Freiheit und Demokratie

Karl von Rotteck, geboren 1775 im habsburgischen Freiburg und zeitlebens ein Anhänger der Ideen der Französischen Revolution, war aus heutiger Sicht sicherlich kein Vorzeigeliberaler im klassischen Sinn. Doch trotz seiner ablehnenden Haltung gegenüber der staatsbürgerlichen Gleichstellung jüdischer Mitbürger und der politischen Beteiligung von Frauen hat er sich unbestritten um Demokratie und Bürgerrechte verdient gemacht.

Nachdem er 1797 die Doktorwürde der Rechtsfakultät an der Freiburger Universität erhalten hatte, trat er zunächst in den Verwaltungsdienst der Stadt, bevor er sich erfolgreich um die »Lehrkanzel der Weltgeschichte« bewarb. 1818 übernahm er den Lehrstuhl der »Staatswissenschaften und des Naturrechts«.

Für Bildung engagierte sich Rotteck auch außerhalb des Hörsaals. So zählte er 1807 zu den Gründern der Freiburger Lesegesellschaft, die es Bürgern ermöglichte, vereint die damals noch recht teuren Bücher und Zeitschriften zu erwerben. Auf ihn ging zudem die spätere Gründung einer Bürgerschule zurück, in der ab 1841 ganz nach französischem Vorbild eine umfassende Ausbildung in Naturwissenschaften angeboten wurde.

Nach dem Sturz Napoleons arbeitete der Politiker aus Leidenschaft an der Badischen Verfassung mit, die bei ihrer Verkündung 1818 als die liberalste in deutschen Landen galt. Mit seinem Kampf für Pressefreiheit und die Abschaffung der Feudallasten machte er sich anschließend als Wortführer der liberalen Opposition in den Kammern der Badischen Landesstände einen Namen. Sehr zum Missfallen der Regierung in Karlsruhe, die sich mit allen Mitteln bemühte, eine Wiederwahl Rottecks zu verhindern. Vergeblich, sein Rückhalt in der Bevölkerung war zu groß.

Als sich Rotteck 1832 öffentlich zu einem freiheitlichen Föderalismus, sprich zu einem Deutschen Staatenbund, bekannte, wurde er an der Universität postwendend in den Ruhestand versetzt und die von ihm herausgegebene Zeitschrift »Der Freisinnige« verboten. Was die Freiburger jedoch nicht daran hinderte, ihn ein Jahr später mit überwältigender Mehrheit zum Bürgermeister zu wählen. Allein – die Regierung versagte ihm die Bestätigung der Wahl. Um Schaden, sprich politische und wirtschaftliche Konsequenzen von der Stadt abzuwenden, überließ er das Amt seinem Neffen Joseph von Rotteck, der von 1833 bis 1839 und von 1848 bis 1849 die Geschicke der Stadt leitete.

Der offiziellen politischen Bühne beraubt, kämpfte Karl von Rotteck mithilfe von Freunden und Schülern dennoch weiter für seine freiheitlichen Ideale und erwarb als Autor internationale Anerkennung. Unter anderem arbeitete er gemeinsam mit dem Freiburger Juristen Carl Theodor Welcker an einem 15-bändigen Staats-Lexikon, dessen Fertigstellung er jedoch nicht mehr erlebte. Karl von Rotteck starb 1840 und wurde auf dem Alten Friedhof beerdigt. Heute erinnern an ihn der an der Universität vorbeiführende Rotteckring und ein Gymnasium, das seinen Namen trägt.

Politiker aus Leidenschaft: Karl von Rotteck.

Kornhaus
CAFE · BISTRO · EIS

1777

Die Große Gass wird zur Kaiserstraße

Sieben Jahre nach Marie Antoinettes pompösem Durchzug bekam Freiburg abermals hohen Besuch aus dem Hause Habsburg. Im Juli 1777 weilte Kaiser Joseph II. in der Stadt, er stieg im Wirtshaus »Zum Storch« an der Großen Gass ab. Aber welch ein Kontrast zum Auftritt seiner Schwester! Keine Spur von Luxus, Glanz und Herrlichkeit! Nein, der Kaiser und Mitregent seiner Mutter Maria Theresia reiste mehr oder weniger inkognito.

Dies entsprach ganz seinem an der Aufklärung orientierten Wesen und seinem Wahlspruch »virtute et exemplo« (Tugend und Beispiel). In diesem Sinne lehnte er strenge Etikette und verschwenderisches Zeremoniell ab und reformierte den kaiserlichen Hofstaat, indem er Kleiderordnungen aufhob und allzu glamouröse Rituale abschaffte.

Freiburg wollte den hohen Besuch dennoch nicht sang- und klanglos verstreichen lassen und benannte die Große Gass fortan kurzerhand in Kaiserstraße um. Es sollte nicht der letzte Namenswechsel dieser wichtigsten Nord-Süd-Achse bleiben. Seit jeher war der Platz, an dem sich die Große Gass mit der Ost-West-Verbindung (Salzstraße/Bertoldstraße) kreuzt, das Zentrum der Stadt. Hier fand der Markt statt, bis er im 15. Jahrhundert auf den Münsterplatz umzog. Hier stand im Mittelalter die alte Gerichtslaube, in der unter freiem Himmel Recht gesprochen wurde. Seit dem 16. Jahrhundert stand an dieser Stelle auch der Fischbrunnen. Dieser musste 1807 dem ersten Bertoldsbrunnen weichen und zog weiter nach Norden, wo er im Zweiten Weltkrieg zerstört wurde. Eine Nachbildung steht heute auf der Nordseite des Münsterplatzes. Der erste Bertoldsbrunnen, der den Stadtgründern und dem neuen Landesherrn Karl Friedrich von Baden gewidmet war, überlebte den Krieg ebenfalls nicht. Der heutige abstrakt-moderne Brunnen von Nikolaus Röselmeir stammt aus dem Jahr 1965.

Doch zurück zur ehemals Großen Gass, die jetzt Kaiserstraße hieß: 1840 wurde sie nach Süden bis zur Dreisam verlängert, allerdings taufte man diesen Abschnitt zunächst »Stephanienstraße«, nach der badischen Großherzogin Stéphanie de Beauharnais. Die Nationalsozialisten machten aus der Kaiserstraße schließlich eine Adolf-Hitler-Straße, die auch die heutige Habsburgerstraße und die Günterstalstraße einschloss. Nach dem Zweiten Weltkrieg kehrte man zur alten Bezeichnung zurück, ergänzte den Kaiser jedoch um den Namen Joseph, damit auch wirklich deutlich wurde, welcher Monarch gemeint war. Kurioserweise behielt man die Hausnummern bei, sodass diese nun mit 166 beziehungsweise 143 statt mit 1 und 2 beginnen. Seit Ende des Zweiten Weltkrieges wurde die Straße nicht mehr offiziell umbenannt, doch der Volksmund hat sie noch einmal neu getauft, und zwar auf die liebevolle Abkürzung Kajo.

Lange Zeit das Zentrum der Stadt: der Fischbrunnen (hier sein Nachbau auf dem Münsterplatz).

1798

Ein Schwips mit verhängnisvollen Folgen

»So viele Rätsel hat der Mensch gelöst – nur mit sich selbst kann er nie einig werden.« Diese und jede Menge anderer Lebensweisheiten stammen ebenso wie 24 Dramen und diverse Berichte aus der Feder von Joseph von Auffenberg.

Geboren 1798 in Freiburg, studierte der spätere Dichter und Dramatiker zunächst Rechtswissenschaften an der dortigen Universität. Später trat er in den österreichischen Militärdienst ein und war Leutnant der badischen Garde in Karlsruhe. Große Popularität genoss er als Theaterautor; seine Dramen wurden im ganzen deutschsprachigen Raum aufgeführt. 1822 wurde Auffenberg Mitglied des Hoftheaterkomitees und bald darauf dessen Präsident.

1832 kehrte er Karlsruhe vorübergehend den Rücken und unternahm eine von ihm selbst als »Humoristische Pilgerfahrt nach Granada und Cordoba« beschriebene Reise nach Spanien, über die er stolze 22 Bände verfasste. Seine vielfältigen Eindrücke, die er in dem Land gewann, gab er anschaulich und humorvoll wieder. Beispielsweise schwärmte er von den offenen Kaffeehäusern in Sevilla, die sich bei großer Hitze als wahrer Trost für Fremde entpuppten, oder sang ein Loblied auf den Val de pennas, einen Rotwein, so »feurig, als wäre er in den Gluten des Aetnas gekocht«. Seiner Begeisterung für Spanien konnte auch ein Raubüberfall nichts anhaben, dem er bei Valencia zum Opfer fiel und bei dem er schwer verletzt wurde.

Nach seiner Rückkehr wurde Auffenberg 1839 zum großherzoglich badischen Hofmarschall ernannt. Allerdings wurden ihm dort Jahre später sein Übermut und seine Schwäche für edle Tropfen zum Verhängnis. Denn bei einem festlichen Dinner im Hause seines Dienstherren hatte er sich offenbar im Rahmen seiner Pflichten etwas zu genau von der Qualität der gereichten Getränke überzeugt und äffte in beschwipstem Zustand den Großherzog nach – ohne zu bemerken, dass Leopold von Baden seine Scherze, die er hinter dessen Rücken getrieben hatte, in einem Spiegel beobachtet hatte. Die Strafe folgte auf den Fuß; Auffenberg wurde umgehend von seinen Ämtern suspendiert und zog in seine Heimatstadt Freiburg in ein Haus in der damaligen Kaiserstraße zurück.

Vorbei war es mit festlichen Empfängen und gepflegten Tischgesprächen, stattdessen hing der Dichter in den übelsten Kneipen und Kaschemmen der Stadt herum und gab sich dem Alkohol und dem Glücksspiel hin – stets in Begleitung seines schwarzen Pudels, der seinem Herrchen nicht von der Seite wich. Ganz so verarmt, wie in Freiburg getuschelt wurde, war der Dichter in den letzten Jahren seines Lebens dann doch nicht: Als er am 25. Dezember 1857 starb, vermachte er dem Hospital zu Valencia del Cid, wo man ihn nach dem Raubüberfall versorgt hatte, 39 000 Gulden. Auch sein treuer Pudel ging nicht leer aus – der Vierbeiner erbte 1000 Gulden. Heute ruht der Dichter auf dem Alten Friedhof im Stadtteil Neuburg.

Joseph von Auffenberg hat auf dem Alten Friedhof seine letzte Ruhestätte gefunden.

1805

Altersruhesitz mit Blick über die Stadt

Hoch oben auf dem Schlossberg steht das Greiffeneggschlössle. Errichten ließ es sich 1805 der letzte vorderösterreichische Regierungspräsident Hermann von Greiffenegg, der in der im Tudor-Stil erbauten Villa seine letzten Jahre verbrachte.

In den Dienst des Hauses Habsburg trat er 1759 nach seinem Studium der Rechtswissenschaften an der »Albertina« ein. Ihn erwartete eine delikate Aufgabe, denn Greiffenegg sollte die von Maria Theresia 1752 beschlossenen Reformen endlich an der Freiburger Universität umsetzen. Bis 1790 hatte er dort als Direktor diverser Fakultäten das Sagen. Dabei erwies sich Greiffenegg zwar als äußerst durchsetzungsfähig, machte sich aber wegen seiner herrischen Art nur wenig Freunde.

Sympathien erntete er erst, als sich er sich nach dem Ersten Koalitionskrieg 1796 dem drohenden Anschluss des Breisgaus an Frankreich vehement widersetzte. Die Franzosen fackelten nicht lang, verhafteten ihn und brachten ihn in die Festung Phalsbourg. Die Bürger jedoch wussten von Greiffeneggs mutigen Einsatz zu schätzen. Nachdem er 1797 aus seiner Gefangenschaft freikam, bekam er das Freiburger Bürgerrecht verliehen und wurde zum Ehrenbürger der Stadt ernannt. Auch im zweiten Koalitionskrieg behielt Frankreich die Oberhand, und der inzwischen 65-jährige Greiffenegg musste die Politik seiner neuen Herrschaft durchsetzen. 1803 fiel Freiburg wieder an die Habsburger, bevor der Breisgau mit der erneuten Niederlage Österreichs 1805 an das Großherzogtum Baden überging.

Als man von Greiffenegg daraufhin anbot, in badische Dienste einzutreten, lehnte er dies rundweg ab und zog sich nach 45 Jahren treuer Dienste für das Haus Österreich auf seinen Altersruhesitz auf dem Schlossberg zurück, wo er 1807 starb.

Nach seinem Tod zog sein Sohn Hermann Gottlob von Greiffenegg-Wolffurt, ein Offizier und Diplomat des Hauses Habsburg, in die Villa ein. Und der sorgte vor allem wegen seines Liebeslebens für reichlich Gesprächsstoff. So heiratete er 1822 in zweiter Ehe Agathe Mauch, die Tochter eines Freiburger Sattlermeisters. Doch sein Herz schlug für deren jüngere Stiefschwester Josepha, die ebenfalls mit dem Ehepaar unter einem Dach lebte. Das einvernehmliche Arrangement funktionierte allem Anschein nach prächtig – bis sich ein befreundeter Arzt in Venedig über die Ménage-à-trois das Maul zerriss. Gottlob von Greiffenegg-Wolffurt forderte ihn zum Duell, das für seinen Kontrahenten tödlich endete. Von Gewissensbissen geplagt, kümmerte er sich um dessen hinterbliebene Tochter, die jedoch ebenfalls ein trauriges Ende nahm. Als ihr irgendwann zu Ohren kam, dass ihr Gönner den Tod ihres Vaters zu verantworten hatte, stürzte sie sich bei einem Besuch auf dem Greiffeneggschlössle auf die darunter liegenden Felsen. 1840 verkaufte Gottlob von Greiffenegg-Wolffurt schließlich das Anwesen und zog in eine Stadtwohnung, wo er 1847 verstarb.

Der letzte Habsburger Regierungspräsident Hermann von Greiffenegg ließ sich seinen Altersruhesitz auf dem Schlossberg bauen.

1806

Das schönste Land in Deutschlands Gau'n?

Wenn heute im Fußballstadion des SC Freiburg stolz das Badnerlied geschmettert wird, ahnt wohl kaum jemand, dass der Übergang von Vorderösterreich zum späteren Großherzogtum Baden von den Bürgern der Stadt ursprünglich keinesfalls gewollt war. Im Frieden von Pressburg (Bratislava) ordnete Napoleon 1805 die Gebiete am Oberrhein neu – der Breisgau wurde dabei dem Kurfürstentum Baden zugeschlagen.

Die Freiburger waren mehr als skeptisch. Was sollte nun aus ihren unter österreichischer Herrschaft erworbenen Rechten werden? Aus der Universität? Flugs entsandte man eine Delegation nach Karlsruhe, und erst als Kurfürst Carl Friedrich alle Rechte bestätigte, arrangierte man sich mit dem neuen Landesherrn. Ende Juni kam es zur feierlichen Übergabe im Münster, und zum Geburtstag des Großherzogs errichtete man den ersten Bertoldsbrunnen – er war den Stadtgründern und Carl Friedrich gewidmet, der von den Zähringern abstammte.

Ruhe zog damit jedoch noch lange nicht ein! 1813 verließ Baden unter Großherzog Karl den Rheinbund, nachdem Napoleon die Völkerschlacht bei Leipzig verloren hatte, und stellte sich fortan auf die Seite der alliierten Napoleongegner. Infolgedessen wurde Freiburg zum Ort eines gewaltigen Gipfeltreffens der wichtigsten Fürsten, Staatsmänner und Monarchen. Besonders frenetisch wurde am 15. Dezember 1813 der österreichische Kaiser Franz I. bejubelt, als er durchs Zähringer Tor einritt. Die Bürger hatten ihren Herrscher noch nicht vergessen!

Auf ihrem Weg über die Schweiz nach Frankreich trafen ferner Fürst Metternich, der russische Zar Alexander I., König Friedrich Wilhelm II. von Preußen und am 6./7. Januar 1814 Großherzog Karl von Baden in Freiburg ein. Man feierte Feste und gab glamouröse Bälle. Gleichzeitig platzte die Stadt aus allen Nähten, denn neben den Fürsten suchten auch über 600 000 Soldaten auf dem Durchzug nach Frankreich zwischen Dezember 1813 und Mitte 1814 in Freiburg (etwa 10 000 Einwohner) Quartier. Bei ihnen ging es weniger glamourös zu. Viele waren entkräftet, krank und verwundet. Typhus und Ruhr kosteten unzählige Soldaten das Leben und machten auch vor der Freiburger Bevölkerung nicht Halt.

Man hatte indes in der Stadt die Hoffnung noch nicht aufgegeben, unter »Österreichs milde Hand« zurückkehren zu können. Eine Delegation bat Kaiser Franz I. im Juni 1814 in Basel um die Wiederherstellung Vorderösterreichs. In Vorbereitung auf dieses ersehnte Ereignis ließ man sogar schon eine Gedenkmünze mit dem Abbild des Kaisers und dem Spruch »Zum Andenken der Wiedervereinigung Breisgaus mit Österreich, Freiburg 1815« prägen.

Es sollte jedoch nicht so weit kommen. Auf dem Wiener Kongress wurde anders entschieden, Freiburg blieb beim Großherzogtum Baden. Zum Glück war man dort nicht nachtragend, und der Verrat hatte keine nennenswerten Konsequenzen.

Unter die »milde Hand« von Kaiser Franz I. von Österreich wäre Freiburg gern zurückgekehrt.

1834

Carl Mez gründet Seidenspinnerei

Carl Mez zählte im 19. Jahrhundert zu den Pionieren der Industrialisierung und zu den erfolgreichsten Unternehmern der Stadt. Doch das war es nicht allein, was den Chef der Seidenspinnerei an der Gerberau, im Volksmund »die Mezi« genannt, auszeichnete. Denn ihm war vor allem eines wichtig: seine Mitarbeiter.

Geboren wurde er 1808 als Sohn eines Kanderner Seidenbandfabrikanten. In Freiburg besuchte er das »Polytechnische Institut«, wo ihm neben allgemeinbildenden Fächern vor allem technische Kenntnisse vermittelt wurden. Nach den Lehrjahren in der Schweiz ließ er sich zunächst in Italien nieder, wo er sich mit Seidenraupenzucht und Seidenfabrikation beschäftigte. In Mailand war er dann mehrere Jahre im Seidenhandel tätig, bevor es ihn wieder in den Breisgau zurückzog.

1834 eröffnete er an der Kartäuserstraße eine Seidenzwirnerei, die in den folgenden Jahren kräftig expandierte. Bis 1873 arbeiteten für ihn rund 1200 Beschäftigte, 500 davon in den beiden Hauptfabriken in Freiburg, die anderen in den Filialen Karlsruhe, Villingen und Staufen. In den Werken wurden unter anderem weiße Rohseide und Einschlagseide, Nähmaschinenseide und die Doppelbänder für die Markgräfler Trachten-Kappen produziert.

Seinen guten Ruf erarbeitete er sich nicht nur durch die Qualität seiner Produkte, die sich weltweit großer Beliebtheit erfreuten, sondern vor allem als sozialer Arbeitgeber, dem das Wohl seiner Mitarbeiter am Herzen lag. Wer für ihn arbeitete, kam in den Genuss von diversen Versorgungs- und Schutzleistungen, die in Deutschland zu dieser Zeit alles andere als selbstverständlich waren. Kinderarbeit, damals durchaus noch an der Tagesordnung, war in seiner Fabrik ein Fremdwort. Lohnabhängigen Mädchen bot er Kurse in Nähen, Flicken, Stricken und Kochen an, um sie vor einem ausschweifenden Lebenswandel zu bewahren. Wurde jemand krank, trug das Unternehmen 40 Prozent der Spitalkosten. Zudem errichtete Mez eine Badeanstalt und gewährte seinen Mitarbeitern einen Zuschuss für das Werksessen. In den Pausen konnten sie in den eigens für sie angelegten Gärten flanieren.

Während seiner Zeit als Freiburger Stadtrat richtete er für Mitarbeiter, die nicht mehr arbeiten konnten, das Evangelische Stift ein. Ungerechte Vermögensverteilung und die Kluft zwischen Arm und Reich waren Carl Mez, selbst überzeugter Vertreter des christlichen Sozialismus, ein Gräuel, woraus er auch als Mitglied der Badischen Kammer und als Abgeordneter der Nationalversammlung in der Frankfurter Paulskirche kein Geheimnis machte. Nach Carl Mez' Tod 1877 übernahmen seine beiden Söhne Karl und Adam die Firma.

▲ Das Gebäude gehörte einst zur Firma Mez. ▼ Carl Mez siedelte sich 1834 mit einer Seidenzwirnerei in der Kartäuserstraße an.

1845

Die Eisenbahn kommt!

Wir schreiben den 30. Juli 1845, die Uhren zeigen 12.40 Uhr. Vom Schlossberg her ertönen Böllerschüsse, das Garderegiment musiziert, das Volk jubelt dem Zug zu, der von der Lokomotive Zähringen der Gattung Badische III c (alt) des Herstellers Kessler gezogen wird. Für den festlichen Anlass hat man ihren Kessel mit Mahagoni verkleidet und den Rahmen grün angestrichen.

An Bord befinden sich neben bedeutenden Politikern und den Bürgermeistern der bereits durchfahrenen Städte auch Großherzog Leopold und sein Sohn Prinz Friedrich. Bürgermeister Wagner empfängt den hohen Besuch mit einer feierlichen Ansprache. Es ist nicht der erste, aber der erste offizielle Zug, der Freiburg auf der neu erbauten Bahnstrecke erreicht. Zuvor hatte es bereits Testfahrten mit Ehrengästen gegeben. Aber von nun an soll es täglich fünf Verbindungen nach Mannheim geben. In Freiburg ist aber vorerst Ende – die Strecke nach Süden bis Basel ist noch in Arbeit.

Erste Pläne für die Hauptverbindung, die heute unter dem Namen Rheintalbahn bekannt ist, gab es bereits 1831. Da war man sich nicht so recht über den Streckenverlauf einig. Die Anbindung von Freiburg bedeutete Mehrkosten und technischen Aufwand, da der Streckenabschnitt die höchsten Steigungen und Gefälle der Route enthielt. Es war jedoch undenkbar, Freiburg auszusparen, obwohl eine Verbindung über Bad Krozingen (oder Hartheim) nicht nur billiger, sondern auch kürzer gewesen wäre. 1838 hatte man sich weitgehend geeinigt, und der Bau konnte beginnen.

Zur offiziellen Eröffnung am 30. Juli war das Stationsgebäude noch nicht fertiggestellt. Es befand sich außerhalb der Stadt, dort, wo am westlichen Siedlungsrand der ehemalige Festungsgürtel von Sébastien Vauban ausreichend Platz hinterlassen hatte. Die einzige Zugangsstraße war die verlängerte Bertoldstraße, die deshalb auch Bahnhofsstraße hieß. Der Architekt Friedrich Eisenlohr hatte die Entwürfe für alle Stationsgebäude an der neuen Strecke geliefert, die dadurch ein einheitliches Bild abgaben. Sie wurden im neoromanischen Stil erbaut; durch einen der sieben Bögen gelangte man in die Vorhalle des zweigeschossigen Empfangsgebäudes und zur Bahnsteighalle, die ein wenig an eine mehrschiffige Basilika erinnerte. Der Bau wurde im Zweiten Weltkrieg zerstört, das eilig errichtete Provisorium hielt sich bis 1999.

Anfangs gab es nur ein einziges Gleis. Erst durch den Weiterbau bis Schliengen (Eröffnung 1847) kam ein zweites hinzu. Die Fertigstellung der Strecke bis Basel dauerte noch einmal acht Jahre, wegen der technisch komplizierten Umgehung des Isteiner Klotzes. Ein drittes Gleis und damit ein weiterer Bahnsteig wurden 1871 nötig, als die Strecke nach Colmar ausgebaut wurde.

Bis 1887 war der heutige Hauptbahnhof die einzige Station in Freiburg – erst durch den Bau der Höllentalbahn kam mit dem Wiehrebahnhof eine zweite hinzu.

▲ Der Hauptbahnhof um 1845. ▼ Die ehemaligen Wagenremisen sind die einzigen verbliebenen Gebäude der alten Bahnhofsanlage.

1848

Blutige Ostern: ein bisschen Revolution

»Fürstenblut muss fließen, knüppelhageldick, und daraus ersprießen die freie Republik.« So verlangt es das Heckerlied. Ja, zur Jahrhundertmitte weht ein freiheitlicher Geist durch Baden! Er ist aus Frankreich herübergeschwappt und hat sich in ganz neuen Forderungen manifestiert. Presse- und Versammlungsfreiheit, Volksbewaffnung und freie Wahlen werden beansprucht sowie die Einführung von Schwurgerichten nach britischem Vorbild.

Freiburg war nicht das Zentrum der Badischen Revolution und spielte dennoch eine entscheidende Rolle – zumindest bei ihrem Scheitern. In der Bürgerlichen Lesegesellschaft Harmonie, die sich in der Grünwälderstraße traf und sich aus Handwerkern, Fabrikanten, Kaufleuten, Beamten, Gastwirten und Akademikern zusammensetzte, wurden schon seit einigen Jahren republikanische Ideen ausgebrütet. Am 26. März 1848 versammelten sich auf dem Münsterplatz 25 000 Menschen, um den Hauptredner Gustav Struve zu hören, der gemeinsam mit seiner Gattin Amalie, dem Mannheimer Anwalt Friedrich Hecker, dem ehemaligen Offizier Franz Sigel und dem Dichter Georg Herwegh und seiner Gemahlin Emma zu den wichtigsten Revolutionären im Südwesten zählte.

Moment mal! Frauen, die sich aktiv in der Politik betätigten? Noch dazu als Radikaldemokratinnen? Auch das war neu!

Im Frühjahr spitzte sich die Lage zu. Am 13. April war in Konstanz der Heckerzug aufgebrochen. Gemeinsam mit drei weiteren Zügen wollte der Revolutionär einen Sternmarsch auf Karlsruhe unternehmen, um die badische Hauptstadt mit Gewalt zu erobern. Unterwegs, so hoffte Hecker, würden sich genügend Freischärler anschließen, um das Gelingen des Unternehmens zu garantieren. Dass zunächst nur 30 bis 50 Mann in Konstanz losmarschierten, entmutigte ihn nicht. Tatsächlich wuchs der Zug – allerdings nicht in dem Maße, das sich die Revolutionäre erhofft hatten. Und der Gegner schlief nicht! Den von Baden herbeigerufenen preußischen Truppen gelang es, Hecker immer weiter abzudrängen, bis es am 20. April beim Gefecht auf der Scheideck (bei Kandern) zu seiner Niederlage kam. Friedrich Hecker setzte sich daraufhin in die Schweiz ab.

In Freiburg fand am 22. April eine erneute Volksversammlung statt, diesmal kamen nur etwa 3500 Menschen – aber fast die Hälfte von ihnen war bewaffnet. Die Kunde von Heckers Niederlage schürte die aufgeheizte Stimmung. Am Ostersonntag, dem 23. April, kam es bei Günterstal zu einer Schlacht gegen die Bundestruppen. Die Freischärler brachten sogar die städtischen Kanonen in ihre Gewalt. Doch am Ostermontag stürmten die Bundestruppen die Stadt, entwaffneten die Aufständischen und riefen das Kriegsrecht aus – noch bevor Franz Sigel mit seinen 3000 Männern den Freischärlern zu Hilfe eilen konnte.

Viele Revolutionäre flohen danach in die Schweiz. Amalie Struve war vom September 1848 bis April 1849 in Freiburg inhaftiert.

▲ Gustav Struve und seine Freischärler ziehen im April 1848 in Lörrach ein. ▼ Vor den Toren der Stadt kam es am Ostersonntag 1848 zur Schlacht.

Gräfin lässt sich Traumvilla bauen

Inmitten der Stadt, auf den Trümmern der Vauban'schen Festungsanlage, thront das Colombischlössle, das Gräfin Maria Antonia Gertrudis von Zea Bermudez y Colombi, Witwe eines spanischen Diplomaten, zwischen 1859 und 1861 als standesgemäßen Altersruhesitz errichten ließ. Die Pläne für die im gotischen Tudorstil gehaltene Villa stammten von dem Freiburger Architekten Georg Jakob Schneider.

Bevor sich die Gräfin mit dem klangvollen Namen endgültig in Freiburg sesshaft machte, bekam sie dank ihrer Ehe mit dem spanischen Diplomaten Graf Salvador de Zea Bermudez y Buzo viel von der Welt zu sehen. Das Paar lebte in Paris, Brüssel, Lissabon und Wien, bis der Graf mit nur 49 Jahren starb.

Irgendwann beschloss seine Witwe, sich mit ihren Kindern nach Freiburg zurückzuziehen, und kaufte das von Reben umgebene Gelände um die ehemalige Bastion »Saint-Louis«, wo sie sich eine Villa erbauen ließ. Und was für eine! Im Erdgeschoss war die Dienerschaft untergebracht, im zweiten Stock befanden sich unter anderem ihr Schlaf- und Arbeitszimmer, eine Bibliothek, das Speisezimmer und zwei Salons. Als architektonisches Schmuckstück wurde das imposante Treppenhaus gestaltet, das sich über drei Stockwerke erstreckt und von einem gläsernen Dach abgeschlossen wird. Das Außengelände, das anfänglich bis zum Bahnhof reichte, wurde in einen englischen Landschaftsgarten mit exotischen Pflanzen und Bäumen verwandelt. Gewöhnlichen Bürgern war der Zugang allerdings verwehrt, die mussten sich mit einem Blick durch die Gitterstäbe, die das Grundstück umgaben, zufriedengeben.

Lange Freude an ihrem prachtvollen Ruhesitz war der Gräfin indes nicht vergönnt – sie starb knapp drei Jahre nach ihrem Umzug. Gerüchte besagten, dass die zur Adipositas neigende Dame einige Zeit zuvor bei einem Spaziergang im hinteren Teil des Parks auf einer Kröte ausgerutscht sein soll. Von dunklen Ahnungen erfüllt, ließ sie Reben und Bäume abholzen und verkaufte das Grundstück. Genutzt hat alles nichts – die Gräfin starb kurz nach dem Vorfall.

Auch ihrer Tochter Maria Christina war kein langes Leben beschieden. Kurz vor ihrer Hochzeit erkrankte sie schwer und verstarb noch in der Nacht vor ihrer Vermählung auf dem Kageneck'schen Schloss in Munzingen. Als Todesursache wurde eine Lebensmittelvergiftung vermutet. Viele Freiburger wollen seither in Vollmondnächten eine weiße Frau auf dem Dach des Colombischlössles beobachtet haben. Überlebt wurden die beiden von Maria Christinas Großmutter Marie de Colombi, die die Villa und das Parkgelände gemeinsam mit den anderen Erben zwischen 1867 und 1869 verkaufte.

Von 1947 bis 1952 diente das Colombischlössle dann als Sitz der Staatskanzlei, der Landesregierung des Bundeslandes Baden unter Staatspräsident Leo Wohleb. Heute beherbergt das Colombischlössle das Archäologische Museum.

▲ Der Colombipark erfreut sich bei Besuchern großer Beliebtheit. ▼ Als Alterssitz einer Gräfin erbaut: das Colombischlössle.

Ganterſche Brauerei-Geſellſchaft
FREIBURG i/B.
STAMM-ACTIE
№ 242 über
Eintauſend Mark
Der Inhaber dieſer
ACTIE
iſt an der Ganterſchen Brauerei-Geſellſchaft in Freiburg i/B. mit Eintauſend Mark beteiligt und hat alle ſtatutenmäßigen Rechte und Pflichten damit erworben.
Gegenwärtiger Actie ſind 20 jährliche Dividenden-Coupons, vom Jahr 1887–1907, nebſt einem Talon beigegeben, welche auf den Inhaber lauten.
Freiburg i/B. den 1. October 1886.
Der Aufſichtsrath

1865

Hopfen und Malz: die Gründung der Brauerei Ganter

Stadt des Waldes, des Weines und der Gotik – so preist ein Prospekt aus den 1950er Jahren die »Perle des Schwarzwaldes« an. Freiburg und Wein – das scheint seit jeher untrennbar miteinander verbunden. Doch der Wein war noch im 19. Jahrhundert eher das Getränk der Gutsituierten, während die arbeitende Bevölkerung Bier konsumierte.

Bereits 1864 gab es bei etwa 20 000 Einwohnern immerhin fünfzehn Brauer in Freiburg! Ein Jahr später wurde die Gewerbefreiheit eingeführt – was besonders in Süddeutschland eine wahre Gründungswelle auslöste.

Im selben Jahr kam ein junger Mann namens Ludwig Ganter (von seinen Freunden Louis genannt) von Schönau nach Freiburg. Auch er hatte das Ziel, eine Brauerei zu gründen. Der technische Fortschritt machte das ehemals mühsame Handwerk zu einem lohnenden Geschäftszweig. Louis Ganter erwarb in der Schiffgasse (heute Schiffstr. 7) von Wendelin Ringwald eine ehemalige Hausbrauerei, ferner »acht Haufen Reben« am Schlossberg und einen darunter gelegenen Felsenkeller. Zwei Jahre später stellte er bei der Stadt einen Antrag zum Aufstellen einer Dampfmaschine. In der Schiffstraße übernahm Louis Ganter die Gaststube seines Vorgängers, die schon bald beachtliche Umsätze abwarf. Es lief gut an! Das Gelände innerhalb der Stadt wurde bald zu klein, und die junge Brauerei zog wenige Jahre nach der Gründung auf das heutige Grundstück zwischen Schwarzwaldstraße und Dreisam um. Dort, außerhalb der Stadtgrenzen, fand sich nicht nur genügend Platz, sondern vor allem auch ein Tiefbrunnen mit herrlichstem Brauwasser aus dem Schwarzwald.

Gegen Ende des 19. Jahrhunderts entwickelte sich das Brauwesen unaufhaltsam weg von der Hausbrauerei hin zum industriellen Großbetrieb. Louis Pasteur entdeckte 1876 die Bedeutung der Hefe und machte damit den Gärprozess berechenbar. Ein Hauptproblem der Brauer war jahrhundertelang die Kühlung gewesen. Auch Ludwig Ganter nutzte in den Anfangsjahren noch Eisblöcke: aus den Weihern der Umgebung, zum Großteil aber aus der Schweiz. 1883 kaufte er dann seine erste Kältemaschine. Sie war teuer – aber sie ermöglichte es, das ganze Jahr über Bier zu brauen, nicht nur im Winter, wie zuvor üblich. Und man konnte es auch deutlich länger lagern. In den Jahren 1884/85 war die Brauerei Ganter zur größten in Freiburg geworden.

Aber sie blieb nicht konkurrenzlos. Hauptmitstreiter war die 1888 gegründete »Aktiengesellschaft Löwenbrauerei Louis Sinner« (noch ein Louis!), ein Zusammenschluss aus mehreren Kleinbrauereien, die ihren Hauptsitz von der Löwenstraße in den Stadtteil Stühlinger verlegte. Auch die Ganterbrauerei war seit zwei Jahren eine Aktiengesellschaft, anders wären die nötigen Investitionen nicht zu tätigen gewesen. Die Konkurrenz schadete nicht. Fünfzig Jahre später erwarb Ganter Anteile an der Löwenbrauerei und braute auch deren Bier. In den 1980er Jahren übernahm man die Brauerei ganz und gab die Anlage im Stühlinger auf.

◀ Die »Stamm-Actie« der Brauerei. ▶ Firmengründer Ludwig »Louis« Ganter (1841–1915).
▼ Die Belegschaft im Jahr 1894.

1872

Klingende Exportschlager

Nur noch eine Gedenktafel erinnert heute im Stadtteil Stühlinger an die Firma Welte & Söhne, die mit ihren selbstspielenden Musikinstrumenten und Orgeln Weltruf erworben hatte. 1832 in Vöhrenbach gegründet, siedelte die Firma, die anfänglich noch Spieluhren baute, 1872 nach Freiburg um. Ihre mechanischen, selbstspielenden Musikinstrumente wurden zum Exportschlager.

Bahnbrechend war vor allem die Steuerung dieser Instrumente durch Lochstreifen aus Papier, welche die bisher dafür benutzten empfindlichen Stiftwalzen ersetzten. Mit dieser Innovation, die sich das Unternehmen 1883 patentieren ließ, wurde die Firma zum Marktführer. Ob in Königshäusern oder Sultanspalästen, ob auf Eislaufflächen oder Rollschuhbahnen – alle wollten die Musikarrangements aus dem Hause Welte hören.

1862 wurde ein Orchestrion mit 39 Walzen, 15 Registern und 524 Pfeifen, dessen Fertigstellung 33 Monate dauerte, im Rahmen der Weltausstellung in London ausgezeichnet. Einen Auftrag über eine mechanische Orgel erhielt das Freiburger Unternehmen auch von der White Star Line für den Luxus-Liner »Titanic«. Da die Orgel nicht rechtzeitig in England ankam, startete das Unglücksschiff ohne sie – und ohne ihren Erbauer Karl Bockisch-Welte, der sich zwar schon in Southampton befand, aber wegen eines Krankheitsfalls in der Familie nach Hause reisen musste. Glück im Unglück, kann man da nur sagen, denn bekanntermaßen kam die »Titanic« nie an ihrem Ziel an.

Der Untergang der Traditionsfirma Welte indes wurde von Radio und Plattenspielern eingeläutet, die Weltwirtschaftskrise tat ein Übriges dazu. Keiner wollte mehr selbstspielende Musikinstrumente haben, das Unternehmen konzentrierte sich auf den Bau von Kirchen- und Hausorgeln. Ab 1930 konnten sich dann die Zuhörer des Norddeutschen Rundfunks von der klanglichen Qualität der Welte-Orgeln überzeugen – dank des Rundfunkorganisten Gerhard Gregor, der auf der Funkorgel regelmäßig Livekonzerte im Radio gab. Im Zweiten Weltkrieg fiel der Firmenkomplex im Stühlinger den Bomben zum Opfer. Zwar wurden 1949 die Geschäfte wieder aufgenommen, doch 1952 wurde der Betrieb nach 120 Jahren endgültig eingestellt.

Teile des Nachlasses sind heute im Augustinermuseum untergebracht. Und noch eine klangvolle Erinnerung gibt es an die berühmten Orgelbauer: das 1898 erbaute Glockenspiel am Rathaus, das am 14. Oktober 1901 mit einem Festakt eingeweiht wurde und heute noch mittags um zwölf Uhr Touristen auf den Rathausplatz lockt. Das Repertoire kann sich hören lassen und reicht von Chorälen bis zu Volksliedern. Jedenfalls war eine japanische Delegation so beeindruckt, dass sie das Glockenspiel für eine Einkaufspassage in Matsuyama, der japanischen Partnerstadt von Freiburg, nachbaute.

Auf einer Philharmonie-Orgel von M. Welte & Söhne in Freiburg spielt 1913 der Komponist Max Reger eigene Werke für Tonaufnahmen.

ein libretto
fürs loretto
schneller,
höher,
weiter,
schlauer.
bohny

KASSE
Damenbad

1886

Ein Schwimmbad nur für Frauen

Ein Bad nur für Frauen? So etwas gibt es deutschlandweit nur in Freiburg. Und zwar seit 1886. Seither verfügt das Lorettobad, kurz »Lollo«, über eine eigene Damen-Abteilung, die auch heute noch von vielen Frauen geschätzt wird. Männern hingegen bleibt der Zutritt nach wie vor eisern verwehrt. Nur einer darf hier ungestraft ein- und ausgehen: der Schwimmmeister.

Was einem Jurastudenten in den 80er Jahren ziemlich sauer aufgestoßen ist. Per Gerichtsbeschluss wollte er sich den Zutritt ins Paradies verschaffen. Allein, seine Klage, die Zugangsberechtigung des Damenbads verstoße gegen das Gleichheitsgesetz, wurde vom Verfassungsgericht abgewiesen, die Frauen durften weiterhin unter sich bleiben.

Davon konnte jedoch zunächst noch keine Rede sein, als Johann Nepomuk Stadler 1841 seine Badeanstalt eröffnete. Allerdings durfte die zunächst nur von Männern besucht werden, die sich in dem vom Hölderlebach gespeisten Außenbecken bei sommerlichen Temperaturen ungetrübten Badefreuden hingaben. Sinnvoll genutzt wurde das Freibad selbst im Winter. So wurde im Becken Eis gewonnen, das blöckeweise herausgesägt und in den Stollen des benachbarten Lorettobergs gelagert wurde. Zu den Abnehmern zählten zahlreiche Brauereien und jene Bürger, die das Glück hatten, einen Eisschrank zu besitzen.

Doch dann übernahm Oskar Heim das im schmucken Jugendstil gehaltene Bad. Um seinen Kundenkreis zu erweitern, ließ er direkt neben dem Herrenbad eine Frauen-Badeabteilung errichten, die aus einem Schwimmbecken, umgeben von Mauern und Umkleidekabinen, bestand. 1886 war es vorbei mit den männlichen Privilegien, endlich herrschte Gleichberechtigung in den Becken – wenn auch getrennt.

Ähnlich strenge Sitten herrschten anfänglich im 1902 errichteten Marienbad, das seit 1989 als Theaterspielstätte genutzt wird. In den 1920er Jahren war Frauen der Zutritt nur an zwei Vormittagen und einem Nachmittag erlaubt, die übrige Zeit blieb der Männerwelt vorbehalten.

Einen Verfall der guten Sitten befürchtete zunächst auch der damalige Erzbischof in Freiburg, als die Stadt 1929 beschloss, direkt an der Dreisam ein Familienbad zu errichten: Seiner Meinung nach gehörte es sich einfach nicht, dass sich Frauen und Männer gemeinsam in einem Becken aufhielten. Ungeachtet seiner Bedenken wurde das Strandbad gebaut und am 9. August 1934 feierlich eingeweiht.

Trotz aller Prüderie, die im 20. Jahrhundert in den Badeanstalten herrschte, war es ein Freiburger, der dem Bikini zum Siegeszug verhalf. Valentin Lehr, ein sogenannter Lebensreformer, war nämlich der Meinung, dass ein Badekostüm lediglich Brust und Schamgegend bedecken sollte, damit die wohltuende Sonneneinwirkung nicht beeinträchtigt werde. Gesagt, getan: Um 1900 kreierte er einen Zweiteiler, der zunächst vor allem in den Vereinigten Staaten auf lebhaftes Interesse stieß, bevor er in den Freiburger Schwimmbädern seinen Siegeszug feierte.

▲ Die Damenabteilung des Lorettobads. ▼ Durch diesen Eingang dürfen nur weibliche Badegäste eintreten.

1888

Ein Vierteljahrhundert Wintererzeit

Ein harmonisches Stadtbild, moderne Infrastruktur, gute Bildungseinrichtungen, Kunst, Kultur und Erholung in schönster Landschaft. Kurz: eine fortschrittliche, einladende Großstadt mit hoher Lebensqualität. Klingt bekannt? Ja, dafür ist Freiburg berühmt. Und viele dieser Errungenschaften sind einem Mann zu verdanken, der fünfundzwanzig Jahre lang als Oberbürgermeister die Geschicke der Stadt lenkte. Sein Name ist Otto Winterer.

Als er sich 1888 als einziger Kandidat um das Amt bewarb (und infolgedessen auch einstimmig gewählt wurde), zählte Freiburg etwas mehr als 40 000 Einwohner. Am Ende seiner Amtszeit, 1913, hatte sich die Zahl auf etwa 83 000 verdoppelt. Das lag zum Teil an den Eingemeindungen (Haslach, Günterstal, Zähringen, Betzenhausen, Littenweiler), zum Teil aber auch an der großen Attraktivität der Stadt. Winterers Amtszeit zeichnet sich durch rege Bautätigkeit aus. Er war ein Mann mit Grundsätzen und großen Zielen. Nicht die Industrie wollte er vorrangig fördern, sondern Kultur und Bildung. Das Stadtbild sollte aufgehübscht werden, um den Fremdenverkehr weiter anzukurbeln. Er mochte mittelalterliche Bauwerke und bevorzugte einen historischen Stil. Ihm ist es zu verdanken, dass die beiden verbliebenen Stadttore nicht abgerissen und die Bächle nicht zugeschüttet wurden, wie einige Stadträte es forderten. Otto Winterer liebte Türme, die er als Wahrzeichen der Stadt schlechthin betrachtete. Dabei schoss er gelegentlich auch über das Ziel hinaus – zum Beispiel, als er dem Schwabentor einen neugotischen Treppengiebel verpassen ließ, der in den Augen vieler Betrachter keine Verbesserung darstellte. 1954 wurde er auch wieder entfernt.

Winterers Verdienste sind so zahlreich, dass man sich beim Aufzählen meist auf die wichtigsten beschränken muss. Er sorgte für die Kanalisation und Wasserversorgung der Stadt, schuf mit dem Rieselfeld eine moderne Kläranlage. Das Wasserschlösschen im Sternwald geht auf ihn zurück. Ab 1901 fuhr in Freiburg eine elektrische Straßenbahn. Das große Kollegiengebäude der Universität entstand, ebenso der Neubau des heutigen Stadttheaters. Winterer ließ mehrere Schulen erbauen und förderte die Bildung von Mädchen. Parks und Ausflugslokale (Waldsee, Stadtgarten) wurden aufgebaut und erweitert, Aussichtspunkte (zum Beispiel am Schlossberg) geschaffen.

Die wachsende Bevölkerung musste aber natürlich auch irgendwo untergebracht werden. Im Westen entstand deshalb für den schmaleren Geldbeutel das Wohngebiet im Stühlinger. Für die betuchtere Klientel wurden die Villenviertel in Herdern und der Wiehre geschaffen. Wohlhabende Pensionäre waren besonders willkommen – man warb sie nach den Choleraepidemien in Bremen und Hamburg regelrecht an. Als Otto Winterer 1913 in den Ruhestand trat, zog er in eine Villa in der nach ihm benannten Wintererstraße. Bereits zwei Jahre später verstarb er.

Das Schwabentor erhielt 1901 einen Treppengiebel-Aufbau.

Gasthof zum Storchen

1900

Die erste Studentin in Deutschland

Zwar wurde die Freiburger Universität bereits 1457 gegründet, doch sollten noch einige Jahrhunderte vergehen, bis endlich Frauen zum Studium zugelassen wurden. Zu verdanken war dieser Meilenstein in der Universitätsgeschichte Johanna Kappes, die in Deutschland als erste Studentin die offizielle Erlaubnis erhielt, sich zu immatrikulieren.

Geboren 1873 in Karlsruhe, legte sie am dortigen Mädchengymnasium das Abitur ab. Was ihre berufliche Zukunft anbelangte, hatte sie ein klares Ziel vor Augen: Sie wollte Medizin studieren. Sehr bald musste Johanna Kappes jedoch erkennen, dass es jede Menge Vorbehalte gegen Frauen im Hörsaal gab. Er vermöge es nicht einzusehen, in welcher Weise die Bedingung der Zulassung zum Universitätsstudium von Frauen erfüllt werden könne, brachte der Leiter der Universitätsfrauenklinik Alfred Hegar seine Sicht der Dinge unmissverständlich auf den Punkt. Andere Kollegen teilten diese Auffassung, zumal befürchtet wurde, der gute Ruf der Universität könnte leiden, wenn sie für Frauen geöffnet würde.

Johanna Kappes ließ sich dennoch nicht entmutigen, allen Widerständen zum Trotz machte sie sich persönlich auf den Weg nach Freiburg, um die skeptische Professorenschaft von ihren Fähigkeiten zu überzeugen. Ihr Versuch, in der akademischen Männerwelt Fuß zu fassen, gelang zumindest teilweise, denn immerhin wurde ihr und vier weiteren Mitstreiterinnen gestattet, an den Vorlesungen teilzunehmen. Die Erlaubnis, staatliche Examen abzulegen, blieb den Studentinnen hingegen nach wie vor verwehrt.

Ermutigt vom Verein »Frauenbildung-Frauenstudium«, allen voran von dessen Vorsitzender Adelheid Steinmann, deren Ehemann als Prorektor an der Universität tätig war, richtete Johanna Kappes 1900 eine Petition an den Freiburger Senat, in der sie um das Recht auf Immatrikulation bat. Der lehnte zwar ihr Anliegen ab, leitete es aber an das zuständige Ministerium der Justiz, des Kultus und des Unterrichts in Karlsruhe weiter.

Am 28. Februar 1900 war es endlich so weit: Johanna Kappes und ihre Kommilitoninnen erhielten die Erlaubnis, sich rückwirkend zum Beginn des Wintersemesters 1899/1900 zu immatrikulieren. Auch ihre bereits erbrachten Studienleistungen wurden anerkannt. Mit dieser bahnbrechenden Entscheidung wurde Baden zum Vorreiter für die Zulassung von Frauen zum Studium in Deutschland. In Württemberg erfolgte die Zulassung dann vier Jahre später, in Preußen dauerte es hingegen bis 1908, bis sich die ersten Studentinnen einschreiben durften.

Johanna Kappes jedenfalls führte nach ihrem erfolgreichen Abschluss gemeinsam mit ihrem Ehemann, dem Arzt Heinrich Worminghaus, eine Gemeinschaftspraxis in Nürnberg. Auch ihre vier Mitstreiterinnen wurden promoviert und nahmen anschließend ihre Arbeit als Ärztinnen auf – allen männlichen Vorurteilen zum Trotz.

▲ Früher waren Universitäten allein Männern vorbehalten. ▼ Die Freiburger Universität war die erste in Deutschland, an der sich eine Studentin immatrikulieren durfte.

1910

Vorhang auf im neuen Theater

Das Theaterspiel hat in Freiburg eine lange Tradition. Davon konnte sich unter anderem Prinzessin Marie Antoinette überzeugen, die 1770 anlässlich ihres Brautzugs zu einer Vorstellung der Schauspieltruppe der Korn'schen Theatergesellschaft eingeladen wurde.

Doch schon vor dem Besuch der Habsburger Prinzessin durften Freiburgs Theaterfreunde an Freud und Leid diverser Bühnenhelden teilhaben, denn mit zu den Ersten, die das geneigte Publikum mit ihren Stücken unterhielten, gehörte 1620 der Jesuitenorden. Als Spielstätte diente ihnen der Hof eines der Kollegiengebäude in der Bertoldstraße. Offensichtlich fand diese Art der Unterhaltung großen Anklang, denn ab 1770 wurde im Kornhaus am Münsterplatz ein Saal für Wanderbühnen eingerichtet. Unter anderem trat dort ein Knirps namens Albert Lortzing, der später als Komponist Karriere machte, mit kleinen Gedichten auf. 1785 wurde der Saal dann zu einem kleinen Theater mit fester Bestuhlung, Rang, Bühne und Orchesterraum umgebaut. Als es den Ansprüchen nicht mehr genügte, zog das Theater 1823 mit Sack und Pack in die von Kreisbaumeister Christoph Arnold umgebaute ehemalige Kirche des Augustinerklosters in der Salzstraße um. Feierlich eröffnet wurde die Spielstätte mit Wilhelm Zieglers Schauspiel »Der Lorbeerkranz«, gefolgt von der Mozart-Oper »Die Entführung aus dem Serail«.

Kurzum, Theaterbesuche lagen voll im Trend. Was einige Freiburger dazu bewog, 1826 eine Theater-Aktiengesellschaft zu gründen, die allerdings sieben Jahre später Konkurs anmelden musste. Mit der Folge, dass das Theater am 15. September 1866 als eines der ersten in Deutschland in die Verwaltung der Stadt überging. Das Einzige, was jetzt noch fehlte, war ein repräsentables Gebäude. Nachdem 1905 mit den Arbeiten für das heutige Theater auf dem Gelände der ehemaligen »Bastion Dauphin« der Vauban'schen Stadtbefestigung begonnen wurde, konnte es am 8. Oktober 1910 eröffnet werden. Mit Beginn des Ersten Weltkriegs war es dann erst mal vorbei mit Schauspiel und Oper. Auch der Zweite Weltkrieg brachte das kulturelle Leben empfindlich zum Erliegen, nachdem das Theatergebäude beim Bombenangriff 1944 schwer beschädigt worden war.

Dass die Aufbauarbeiten nach Kriegsende zügig voranschritten, verdankte das Publikum seinem musikalisch begabten Oberbürgermeister Wolfgang Hoffmann, der zum einen emsig um Spenden warb und zum anderen die Erlöse seiner eigenen Klavierkonzerte dem Wiederaufbau des Theaters zur Verfügung stellte. Im Dezember 1949 konnte das Große Haus schließlich mit einer Aufführung von Richard Wagners »Meistersinger von Nürnberg« wiedereröffnet werden.

▲ Das Theater Freiburg ist das älteste und größte Theater in der Stadt. ▼ Ob Oper oder Schauspiel: Das Theater bietet für jeden Geschmack etwas.

FREIBURG
AUF
BALD!

THEATER
KLEINES HAUS

1933

Schleichendes Gift – der Nationalsozialismus hält Einzug

Am 29. Juli 1932 spricht Adolf Hitler im Möslestadion – und bis heute sind sich die Historiker über die Reichweite der Veranstaltung uneinig. Waren 70 000 jubelnde Anhänger gekommen? Oder deutlich weniger, etliche davon Gegner des Führers?

Fest steht immerhin, dass die NSDAP damals schon mit 30 Prozent der Stimmen die zweitstärkste Partei in der Stadt war. Auf dem Nährboden von hoher Arbeitslosigkeit und primitiver Propaganda gedieh die nationalsozialistische Gesinnung. Sprachrohr war die 1931 gegründete Parteizeitschrift »Der Alemanne« unter dem Hauptschriftleiter Franz Kerber.

Bei den Reichstagswahlen am 5. März 1933 wurde die NSDAP auch in Freiburg stärkste Partei. Schon einen Tag später wehten vom Rathaus Hakenkreuzfahnen, und jener Franz Kerber hielt eine glühende Rede – ohne Zustimmung des amtierenden Oberbürgermeisters Karl Bender. Dessen Tage waren da längst gezählt. Nach massivem Druck durch die Nationalsozialisten gab er im April auf und floh ins Ausland. Sein Amt übernahm nun Kerber, ohne freie Wahl, versteht sich.

Am 17. März erschoss der SPD-Landtagsabgeordnete Christian Nussbaum, der in jener Nacht festgenommen werden sollte, in seinem Wohnhaus einen Polizeibeamten. Die Tat lieferte der Partei einen hervorragenden Vorwand, die SPD, die KPD und mit ihnen sympathisierende Vereinigungen gewaltsam aufzulösen. Gleichzeitig begann die systematische Entfernung aller Juden aus dem Verwaltungs- und Beamtenapparat.

Universität und Kirche boten den Nazis kaum Widerstand – im Gegenteil. Als der gefeierte Philosoph Martin Heidegger am 21. April 1933 das Amt des Universitätsrektors übernahm, forderte er die Studentenschaft auf, dem neuen Regime bedingungslos zu folgen. Am 1. Mai trat er in die Partei ein und blieb bis zum Kriegsende Mitglied – auch nachdem er sein Amt im April 1934 aufgegeben hatte. Widerstand kam weniger von den Studenten als von einer Professorenopposition, deren bekanntester Vertreter der Nationalökonom Walter Eucken war. Dieser »Freiburger Kreis« traf sich zu regelmäßigen Gesprächsrunden und verfasste Denkschriften mit christlichen und sozialethischen Grundsätzen.

Die Katholische Kirche, die in Freiburg einen großen Einfluss besaß und lange Zeit vor dem Nationalsozialismus gewarnt hatte, unterstützte unter Erzbischof Conrad Gröber zunächst das neue Regime. Gröber äußerte sich judenfeindlich, wurde förderndes Mitglied der SS und stimmte der nationalsozialistischen Politik öffentlich zu. Man nannte ihn gar den »braunen Conrad«. Erst mit dem Beginn der Euthanasie setzte ein Sinneswandel bei ihm ein, er distanzierte sich von den Nazis und wurde ihr erklärter Gegner. Da war es jedoch schon zu spät. Ein Großteil der Bevölkerung hatte sich längst mit dem neuen Regime arrangiert. Am 9. November 1938 brannte auch in Freiburg die Synagoge, und am 22. Oktober 1940 wurden die Juden ins Zwischenlager Gurs deportiert.

Eine Bluttat des vermutlich schuldunfähigen Christian Nussbaum nutzten die Nationalsozialisten für ihre Zwecke.

1936

Ein Pferdchen schreibt Geschichte

Wiehern kann es nicht, das 1936 von Werner Hugo Gürtner aus Beton erschaffene Holbeinpferdle, das auf einem kleinen Rasenstück zwischen Holbein- und Schauinslandstraße im Stadtteil Wiehre steht. Doch meistens sieht es zum Wiehern aus.

Durfte es in seinen Anfängen einfach noch ein ganz gewöhnliches Pferd sein, wandelt es seit den 80er Jahren sein Äußeres häufiger als ein Popstar – wird es doch von Unbekannten ständig mehr oder weniger künstlerisch wertvoll bemalt und mit Logos versehen. Wir kennen es als Einhorn, als Bikinischönheit mit blonder Mähne, als romantischen Liebesboten mit Herzchen auf den Flanken, knallrot angemalt mit Teufelshörnchen, prachtvoll schillernd in sämtlichen Regenbogenfarben oder im schlichten Zebra-Look. Selbst als edler Pharao in schmuckem Blau-Gold durfte es kurzfristig über die Stadt regieren. Zeitweise outete es sich als Fan des SC Freiburg, stellte seinen Körper als Werbeträger für Schokolade zur Verfügung oder protestierte gegen Atomenergie oder für mehr Bildung. Und als Christo und Jeanne-Claude in Berlin 1995 den Reichstag verhüllten, wurde dem Holbeinpferdle – allerdings von weniger namhaften Künstlern – dieselbe Ehre zuteil.

Und je größer das Medienecho wurde, desto mehr Menschen fühlten sich bemüßigt, dem Kunstwerk mithilfe von Sprühdosen ein neues Image zu verpassen. Was nicht ohne Folgen blieb: Jährlich legte das Pferd durch das Bemalen rund drei Millimeter an Umfang zu. Dennoch gelang es einer Autofahrerin in den 1990er Jahren, das Schwergewicht von seinem Sockel zu stoßen. Das Pferdle hat den Unfall jedoch genauso unbeschadet überstanden wie einen Gerichtsprozess, den die Erbengemeinschaft um die Witwe seines Schöpfers gegen einen Freiburger Fotografen führte, der das 1,90 Meter hohe und genauso lange Kunstwerk auf Postkarten und Kalendern verewigt hatte.

Unbeeindruckt vom Hufscharren um seine Person setzte das Pferdle seine Karriere als angesagtes Fotomodell fort. Doch 2019 wurde es höchste Zeit, endlich abzuspecken, zumal die Beine schon doppelt so dick waren wie vom Künstler vorgesehen. In liebevoller Handarbeit wurden in einer Freiburger Steinmetzwerkstatt rund 180 Kilogramm Farbe, Gips und andere Materialien abgetragen, bis es, befreit von überflüssigen Pfunden, wieder seine ursprüngliche Form hatte. Es dauerte übrigens genau eine Nacht, dann war es wieder übermalt. Ein typischer Jojo-Effekt eben, wie man ihn von Diäten kennt.

▲ Auftritt des Holbeinpferds als Einhorn. ▼ Sowohl Kinder als auch Erwachsene verpassen dem Pferdchen ständig ein neues Outfit.

SCHULE,
FÜCHSE KOMMEN
NATUR KITA STERNWALD
JOHN
ANTON
MAX
IDA
LIAM
MILENA

DR. GERTRUD LUCKNER
JG. 1900
VERHAFTET 1943
KZ RAVENSBRÜCK
TODESMARSCH 1945
ÜBERLEBT

1943

Mutige Frau widersetzt sich den Nazis

Gertrud Luckner, geboren als Jane Hartmann 1900 in Liverpool, wuchs bei deutschen Adoptiveltern auf, nachdem ihre eigenen Eltern für verschollen erklärt worden waren. 1931 nahm sie ihr Studium der Volkswirtschaft an der Albert-Ludwigs-Universität auf, ihren Doktortitel erwarb sie 1938. Im selben Jahr wurde sie Mitarbeiterin bei der Deutschen Caritas in Freiburg.

Was Hitler und seine Schergen anbelangte, machte sich Gertrud Luckner keinerlei Illusionen. Sie hatte die Bewegung von Anfang an als das erkannt, was sie war: antisemitisch und menschenverachtend. So riet die überzeugte Pazifistin schon frühzeitig jüdischen Mitbürgern, das Land zu verlassen. Damit geriet sie ins Visier der Gestapo, die begann, ihre Post zu überwachen.

Trotz des hohen Risikos entschied sich Gertrud Luckner in Zusammenarbeit mit jüdischen Organisationen und dem evangelischen und katholischen Widerstand, Juden zu helfen, wo es nur ging, und ihnen die Ausreise aus Nazideutschland zu ermöglichen. Sie suchte nach sicheren Verstecken, organisierte Geld, Ausweise, Fahrmöglichkeiten und Fluchtwege, hauptsächlich über die grüne Grenze in die Schweiz. Dazu baute sie unermüdlich ihre persönlichen Netzwerke und Auslandskontakte aus – stets darauf bedacht, ihre Mitwisser und Helfer nicht zu gefährden. Unterstützt wurde sie dabei vom Freiburger Erzbischof Conrad Gröber, der ihr eine bewusst sehr vage formulierte Vollmacht ausstellte, die Gertrud Luckners zahlreiche Reisen legitimierte.

Bei ihrem Widerstand setzte Gertrud Luckner jedoch häufig ihr eigenes Leben aufs Spiel. Unter anderem in der Reichspogromnacht, in der sie bis zum frühen Morgen durch die Stadt radelte, um jüdische Mitbürger vor der drohenden Gefahr zu warnen. Irgendwann jedoch wurden ihr Mut und Zivilcourage zum Verhängnis. Nachdem sie von einem Mitarbeiter der Caritas verraten worden war, wurde Gertrud Luckner 1943 auf einer Fahrt nach Berlin festgenommen. Was dann folgte, waren monatelange Verhöre und Haft, bis sie im Frauenkonzentrationslager Ravensbrück interniert wurde. Als Zwangsarbeiterin bekam sie die Häftlingsnummer 24648 und den sogenannten »roten Winkel« für politische Häftlinge. Am 30. April 1945 befreite die Rote Armee das Konzentrationslager und stoppte den von der SS zur Räumung des Lagers organisierten Todesmarsch, auf dem sich auch Gertrud Luckner befand.

Ungeachtet der Strapazen und des großen Leids, das sie erlitten hatte, baute sie direkt nach Kriegsende die Verfolgtenfürsorge in Freiburg auf und setzte sich in den folgenden Jahrzehnten für die Opfer des Nationalsozialismus ein. Mit der 1948 von ihr mitbegründeten Zeitschrift »Freiburger Rundbrief« engagierte sie sich bis zu ihrem Tod 1995 für den christlich-jüdischen Dialog. 1951 wurde sie als eine der ersten Deutschen nach Israel eingeladen. Um ihre großen Verdienste zu würdigen, wurde 1987 die Freiburger Gewerbeschule IV in ihrem Beisein auf den Namen Gertrud-Luckner-Gewerbeschule getauft. Neben zahlreichen anderen Ehrungen für ihr Lebenswerk erhielt sie 1994 die Verdienstmedaille des Landes Baden-Württemberg. Ein Jahr später starb Gertrud Luckner im Alter von 95 Jahren.

▲ Die Gewerbeschule in der Kirchstraße trägt den Namen der Widerstandskämpferin Gertrud Luckner.
▼ Ihr zu Ehren wurde ein Stolperstein vor der Gewerbeschule eingelassen.

1944

Bombennacht am 27. November

Manche Städte wurden im Zweiten Weltkrieg unzählige Male von alliierten Bombern heimgesucht – so oft, dass die Menschen abstumpften und die ständige Bedrohung in ihren Alltag integrierten. Bei anderen Städten genügte ein einziger Angriff, um sie dem Erdboden gleichzumachen. Zu Letzteren zählt Freiburg.

Bis zum 27. November 1944 war die Stadt recht glimpflich davongekommen. Sie war nur ein einziges Mal Ziel eines größeren Luftangriffs geworden – am 10. Mai 1940 –, dabei starben 36 Erwachsene und 21 Kinder. Die nationalsozialistische Propagandamaschine nutzte den Vorfall, um Stimmung gegen die »unbeschreiblich grauenhaften« (Joseph Goebbels) Bombenabwürfe der Briten zu machen. Es erschien sogar eine mehrsprachige Broschüre mit dem vorwurfsvollen Titel »Freiburgs Mütter klagen an!« Das Ganze war nichts als menschenverachtender Hohn, denn nach dem Krieg stellte sich heraus, dass es sich bei dem Bombardement um einen Fehlabwurf der deutschen Luftwaffe gehandelt hatte!

Tatsächlich änderten die Alliierten jedoch ab 1943 ihre Vorgehensweise. Hatten sie sich bislang hauptsächlich auf strategische Ziele konzentriert, so gingen sie nun zum Flächenbombardement über, mit dem erklärten Ziel, die Bevölkerung durch Zerstörung und Todesangst nachhaltig zu demoralisieren.

Der Bombenhagel, der unter dem Codenamen Operation Tigerfish am 27. November 1944 zwischen 20 und 20.30 Uhr über Freiburg niederging, war für die ausführenden Briten kein sonderlich erwähnenswerter. Für das alte Freiburg jedoch bedeutete er einen gewaltigen Einschnitt, genau genommen sogar den Todesstoß. Als die 350 Maschinen starke Flotte auf die Perle des Breisgau zuflog, gab es in der Stadt kaum Luftschutzmaßnahmen, es existierte nicht einmal ein staatlicher Bunker. Die Bevölkerung war völlig unerfahren mit der Situation, dasselbe traf auf die Einsatzkräfte zu.

In jener Nacht wurden etwa 80 Prozent der Altstadt zerstört, fast 3000 Menschen fanden den Tod. Besonders traumatisierend empfanden viele Überlebende die Tatsache, dass der Angriff gerade einmal zwanzig Minuten gedauert hatte – in so kurzer Zeit konnte vernichtet werden, was Jahrhundertelang gewachsen war! Viele Verschüttete kamen in den Trümmern um, weil es an Hilfskräften, Material und auch an Wasser fehlte, um die Brände zu löschen. Ein zusammenhängender Großbrand entstand und vernichtete, was zunächst übrig geblieben war. In Freiburg existierte nur eine freiwillige Feuerwehr, die mit der Situation gänzlich überfordert war.

Als ein wahres Wunder betrachtete man die Tatsache, dass inmitten der Ruinen der Münsterturm unversehrt aufragte. Viele Menschen verließen nach der Bombennacht die Stadt, die Einwohnerzahl sank auf etwa 58 000 – das war nur noch etwas mehr als die Hälfte der vor dem Krieg ermittelten Bewohner.

Die Luftaufnahme von 1944 zeigt das Ausmaß der Zerstörung.

fotoklick
vodafone
vodafone
NITTEL

vodafone
vodafone
JUWELIER
NITTEL
fotoklick
hairclub
Foot Locker
S

1950

Wiederaufbau: der Kampf um die Arkaden

Zum Kriegsende lag die Stadt in Schutt und Asche, aber schon zehn Jahre später galt der Wiederaufbau im Großen und Ganzen als abgeschlossen. Der Weg dahin war steinig – im wahrsten Sinne des Wortes! Zunächst musste der Schutt beseitigt werden, in den Hungerjahren nach dem Krieg keine leichte Aufgabe, denn die meisten Einwohner waren schlicht zu schwach und unterernährt für diese Schwerstarbeit.

Viele deutsche Städte setzten nach dem Krieg auf Modernisierung, Zweckmäßigkeit und den vermehrten Einsatz von Eisen, Beton und Glas. Freiburg ging einen anderen Weg und wurde dafür zunächst belächelt, dann kritisiert.

Der Wiederaufbau stand ganz unter dem Regiment des Hochbauamtsleiters Joseph Schlippe. Dieser hatte das Amt schon vor dem Krieg inne, verstand sich prächtig mit dem nationalsozialistischen Oberbürgermeister Kerber (zumindest in bautechnischen Fragen) und blieb auch nach 1945 auf seinem Posten, weil er nie der NSDAP beigetreten war. Zur französischen Besatzungsmacht hatte er ein gutes Verhältnis.

Schlippe war ein Mann mit klaren Vorstellungen und konkreten Zielen. Er lehnte den Baustil der Vorkriegszeit ab, der mit seinen »Erkerle und Giebele« in seinen Augen viel zu überladen wirkte. Doch auch dem Modernismus konnte er nichts abgewinnen. Schlippes Wiederaufbauplan war rückwärtsgerichtet. Er wollte die »Bürgerstadt der Vergangenheit« neu beleben, die sich am gewachsenen Stadtbild orientierte. In der Innenstadt sollten die Häuser nicht mehr als vier Stockwerke haben, die steilen Traufdächer zur Straße hin ausgerichtet sein. Einzelne prägende Baudenkmäler ließ Schlippe originalgetreu aufbauen.

Die Bürger standen zum Großteil hinter seinen Plänen. Zankäpfel gab es dennoch. Zu Schlippes größten Anliegen gehörte die Errichtung von Arkaden in der Innenstadt. Warum? Weil er vorausschauend den zunehmenden Verkehr im Blickwinkel hatte. Die Arkaden sollten die Fußgängerströme lenken, während die Straße den Autos und Bahnen vorbehalten blieb. Auf diese Weise konnte eine übermäßige Verbreiterung der Verkehrswege vermieden werden. Die Arkaden brachten vor allem die betroffenen Geschäftsleute auf der Kaiser-Joseph-Straße auf die Barrikaden. 68 von ihnen schlossen sich im Jahr 1950 zusammen, um gegen den Bau entschieden Protest einzulegen. Es könne wohl nicht im Interesse der Wirtschaft sein, so meinten sie, wenn die Schaufenster kaum noch sichtbar wären und die Läden dafür ihre Verkaufsflächen verkleinern müssten! Es half jedoch alles nichts, die Arkaden kamen. Und wie so oft legte sich die Empörung danach sehr schnell.

Auch die Kritik an Schlippes rückwärtsorientierter Bauweise verstummte im Laufe der Zeit. Heute liegt die Freiburger Innenstadt voll im Trend – während die vorschnell »modernisierten« Stadtteile als Bausünden gelten.

▲ Zankapfel beim Wiederaufbau: die Arkaden in der Kaiser-Joseph-Straße. ▼ Heute beliebt beim Einkaufsbummel.

1975

Nai hämmer gsait!

Die Älteren wissen es noch: Die Anti-AKW-Bewegung wurde ganz in der Nähe von Freiburg »erfunden«. Genauer: am Kaiserstuhl, in den Gemeinden Wyhl, Weisweil, Endingen, Sasbach. Und zwar schon im Jahr 1972.

Aber der Reihe nach. Anfang der 70er Jahre stellten nur wenige Menschen die friedliche Nutzung der Atomkraft infrage, galt sie doch als preiswerte Energieversorgung und schuf obendrein Arbeitsplätze. Am 19. Juli 1973 erfuhren die Bürger aus dem Radio, dass ein Kernkraftwerk in der Kaiserstuhlgemeinde Wyhl geplant war. Daraufhin regte sich in den umliegenden Gemeinden Widerstand. Bürgerinitiativen gründeten sich, Winzer zogen mit ihren Traktoren demonstrierend durch die Region. Inzwischen hatte nämlich eine Handvoll Ärzte und Wissenschaftler die Bevölkerung über die möglichen Gefahren von Atomkraft und radioaktiver Strahlung aufgeklärt.

Im Dezember 1974 brachen etwa 700 Kaiserstühler Bauern, Handwerker, Hausfrauen und Winzer zur Landesregierung nach Stuttgart auf, um ihre Argumente vorzubringen. Man ließ sie buchstäblich im (strömenden) Regen stehen. Erst nach drei Stunden wurden sie kurz angehört, aber nicht sonderlich ernst genommen. Filbinger tat den Protest als Aktion von Kommunisten ab. Das war jedoch meilenweit von der Wahrheit entfernt, denn bei den Demonstranten handelte es sich fast ausschließlich um bislang »brave« CDU-Wähler.

Im Februar 1975 begannen die Bauarbeiten in Wyhl. Einige empörte Bürger blockierten spontan die Maschinen. »Nun war der Platz besetzt«, erzählt eine Teilnehmerin. »Wir mussten dableiben, obwohl es doch am Morgen nicht so geplant war.« Nach drei Tagen rückte die Polizei mit Hundestaffeln und Wasserwerfern an und vertrieb die Menschen. Doch nun erregte die Aktion bundesweit Aufsehen, Studenten aus Freiburg eilten herbei – und auch die linken Gruppierungen, die bislang gar nichts mit dem Protest zu tun gehabt hatten.

Am 23. Februar 1975 kam es im Rahmen einer Demonstration mit knapp 30 000 Teilnehmern zu einer zweiten Besetzung des Baugeländes – und diesmal hielt sie sich über ein halbes Jahr lang. Es herrschte eine ganz besondere Stimmung. Zum ersten Mal in der Geschichte der Republik verfolgten Linke und Bürgerliche ein gemeinsames Ziel. Auf dem Gelände wurde die Volkshochschule Wyhler Wald gegründet, Liedermacher gaben Konzerte, Protestschriften wurden ausgearbeitet.

Erst im November 1975 verließen die Bürgerinitiativen das Gelände, nachdem ein gerichtliches Vorgehen zur Anhörung aller Parteien vereinbart worden war. Die kommenden Verhandlungen zogen sich über mehrere Jahre hin. 1983 erklärte Ministerpräsident Lothar Späth das Projekt für gestoppt. Wyhl sollte allerdings das einzige Kernkraftwerk bleiben, das in Deutschland durch Bürgerinitiativen verhindert werden konnte.

▲ Traktordemonstration bei Sasbach im März 1979. ▼ Sternmarsch gegen das KKW Wyhl und das Bleiwerk Marckolsheim im August 1974.

Links und rechts vom
Rhein KKW Nein

660 WYHLER
FORDERN EINEN
BÜRGERENTSCHEID
FREIBURG solidarisch
gegen KKW + Bleiwerk
Nur das Volk darf entscheiden!
BLEIWERK=GEFAH
FÜR MENSCH + NATU
HEUT STIRBT die KUH
LAINE DU RHIN
KKW
nein!
Verant-
wortung!
STIMMEN

RUPPMANN
BADISCHE KUNDENKREDITBANK AG
GOTTLIEB-MARKT

FRIEDRICH GRAF VON WESTPHALEN

1980

Dreisameck und Schwarzwaldhof

Während am Kaiserstuhl noch gegen das KKW demonstriert wurde, tobte in Freiburg bereits ein weiterer Konflikt: der Häuserkampf. Wobei »toben« zumindest für den Anfang der völlig falsche Begriff ist. Denn wie so oft begann alles ziemlich harmlos.

Ende der 70er Jahre war bezahlbarer Wohnraum in der Stadt kostbarer als Gold. Spekulanten kauften leer stehende Häuser, um sie in gewinnbringende Objekte zu verwandeln. Die Innenstadt drohte zu veröden – ein Meer aus Büro- und Geschäftsflächen ohne Kultur und Lebensqualität. Eines dieser Objekte war eine zusammenhängende Häusergruppe in der Kaiser-Joseph- und Schreiberstraße, das sogenannte Dreisameck. 1977 besetzten Studenten den leer stehenden Gebäudekomplex. Sie waren nicht auf Krawall gebürstet, im Gegenteil. Man einigte sich mit dem Besitzer, einem Immobilienmakler namens Alois Selz, und bekam daraufhin sogar ordentliche Mietverträge. Der Friede währte jedoch nicht lange, denn Selz meldete bald Konkurs an, die Häuser sollten geräumt werden. Mittlerweile war das Gebäude aber zu einem Kulturzentrum gewachsen, in dem eine bunte, alternative Szene entstanden war. Die Bewohner weigerten sich zu gehen.

Im Juni 1980 wurde das Dreisameck gewaltsam geräumt. In der Stadt herrschte Ausnahmezustand. »Die Polizisten des SEK kamen nachts, und sie kamen über die Dächer«, erinnern sich ehemalige Bewohner. »Sie waren bis unter die Zähne bewaffnet.« Das Polizeiaufgebot war so unangemessen groß, dass sich viele entsetzte Freiburger mit den Besetzern solidarisierten. Nach etwa einer Woche gelang es den vertriebenen Bewohnern schließlich, den Schwarzwaldhof, eine ehemalige Knopffabrik zwischen Schwarzwald- und Talstraße, zu besetzen. Daraufhin kehrte eine kurze, trügerische Ruhe ein.

Neun Monate später schlug die Staatsgewalt erneut zu: Am 4. März 1981 wurde ein besetztes Haus in der Moltkestraße geräumt. Die autonome Szene begnügte sich nun nicht mehr mit gewaltfreien Protesten. Die folgende Nacht ging als »Scherbennacht« in die Stadtgeschichte ein. Kein Schaufenster in der Innenstadt blieb verschont. Stolz berichteten die Beteiligten, sie hätten sich mit dieser Aktion die Sympathie der Glaserinnung errungen. Die Sympathie der Restbevölkerung hatten sie hingegen verspielt. Als der Schwarzwaldhof kurz darauf geräumt wurde, behandelte man die Besetzer wie gewöhnliche Kriminelle, es kam zu Hausdurchsuchungen und Großrazzien.

Ab dem 2. Oktober 1981 fand die Hausbesetzerszene noch einmal für vier Jahre in einem Universitätslagergebäude im Glacisweg ein Dach über dem Kopf. Das AZ (Alternative Zentrum) wurde zur Geburtsstätte für viele kulturelle Gruppierungen, die bis heute Bestand haben. Einige zogen danach auf das Grether-Gelände, andere fanden in der Fabrik in der Habsburgerstraße ein Zuhause.

▲ Stacheldraht und Polizeiketten riegelten das Dreisameck ab. ▼ Heute erinnert nichts mehr an den Häuserkampf der 80er Jahre.

2008

Es grünt so grün: Green City Freiburg?

Grün ist ganz definitiv die Farbe, mit der sich Freiburg nicht nur schmückt, sondern auch identifiziert. Seit 2008 sogar offiziell mit dem Werbeslogan Green City. Doch was steckt dahinter? Was macht eine Stadt zu einer grünen Stadt? Die Politik? Umwelt- und Klimaschutz? Ökologische Nachhaltigkeit? Naturbewusstsein? Das Selbstverständnis der Bürger?

Zur Beantwortung dieser Fragen muss man etwas ausholen und in die Vergangenheit eintauchen, noch einmal den Protest gegen das geplante Atomkraftwerk in Wyhl bemühen. Denn er ist gewiss die Geburtsstunde des Umweltbewusstseins der Region – und viele Aktivisten entstammen seinem Umfeld. So auch die Pioniere der Grünen Partei, die zwar nicht in Freiburg gegründet wurde, hier aber ihre ersten nennenswerten Siege feierte. Bei den Landtagswahlen am 16. März 1980 erhielt die blutjunge politische Gruppierung in Freiburg 11,4 Prozent der Stimmen – bei 5,1 Prozent im Rest des Ländles! Noch im gleichen Jahr zogen vier grüne Stadträte ins Rathaus ein. Unter ihnen das Urgestein Emilie Meyer, eine streitbare Umweltaktivistin, die noch als Sechzigjährige in Haslach auf Bäume kletterte, um sie vor dem sinnlosen Abholzen zu retten. Anfangs belächelt, setzte sie sich mit ihrer unbequemen Politik durch und erhielt 2003 gar das Bundesverdienstkreuz.

Ökologie war in Freiburg genau wie anderswo das Hauptthema der Grünen. Als die Stadt 1986 Austragungsort der Landesgartenschau wurde, sollte die Veranstaltung erstmals mehr sein als nur eine hübsche Blumenwelt. Schließlich starben nebenan im Schwarzwald die Bäume! In Zusammenarbeit mit dem BUND entstand die Ökostation, die bis heute eine Art grüne Volkshochschule mit vielfältigem Fortbildungsangebot geblieben ist. Die Gartenschau wurde ein großer Erfolg – Freiburgs Ruf als Öko-Hauptstadt verfestigte sich. Mit Dieter Salomon zog 2002 auch der erste grüne Oberbürgermeister Deutschlands in das Freiburger Rathaus ein. Da hatte die Partei aber ihre Kindheitsjahre längst hinter sich gelassen und war in der bürgerlichen Mitte angekommen. Mit den kämpferischen und hartnäckigen Grundprinzipien einer Emilie Meyer hatte Salomons Politik nicht mehr viel gemeinsam. Vielleicht war sie sogar ein bisschen zu sehr ins bürgerliche Lager abgerutscht? 2018 wurde Salomon jedenfalls als Oberbürgermeister zugunsten des parteilosen Martin Horn abgewählt.

Neben den Erfolgen der Grünen ist die Vorreiterrolle der Stadt im Hinblick auf erneuerbare Energien, allen voran die Solarenergie, bedeutsam für die Green City Freiburg. Auch hier ist der Rückblick auf Wyhl unerlässlich. Denn wenn die Atomenergie zu verdammen war, brauchte man sinnvolle Alternativen.

Der Elektriker Werner Mildebrath aus Sasbach gehörte zu den Pionieren der Solartechnik – schon 1976 fanden in seinem Heimatort die ersten »Sonnentage« statt, in denen er eine thermische Solaranlage demonstrierte. Ein Jahr später kamen 25 000 Menschen zu der Messe am Kaiserstuhl. Waren die Anfangsjahre der neuen Energie noch von einem produktiven Miteinander von Hobbybastlern, Idealisten und Profis bestimmt, so änderte sich das bald zugunsten der Fachleute.

Die Entwicklung verlief rasant. 1981 wurde das Fraunhofer-Institut für Solare Energiesysteme (ISE) gegründet, heute ist es mit etwa 1200 Mitarbeitern das größte Solarforschungsinstitut in Europa. Im Oktober 1992 ging das erste energieautarke Solarhaus in Betrieb – es stand natürlich in Freiburg. Und 1994 machte das Heliotrop von sich reden. Das erste Plusenergiehaus der Welt

Die Ökostation im Seepark ist ein bedeutendes Umweltbildungszentrum.

produziert etwa dreimal so viel Energie, wie es verbraucht. Dazu dreht es sich in Ost-West-Richtung mit der Sonne, um ihre Energie optimal zu nutzen – je nach Wetterlage zum Einfangen von Licht oder Schatten. Der Architekt des Heliotrops, Rolf Disch, war auch schon auf der Landesgartenschau vertreten – damals mit einem Solarmobil und einer Solartankstelle. Ein Jahr später gewann er mit einem seiner Fahrzeuge die Meisterschaft bei der Tour de Sol nach Genf. Mit der Solarsiedlung am Schlierberg schuf er erstmals ein komplettes Areal nach der von ihm entwickelten Plusenergiebauweise. Rolf Disch wurde für seine innovativen Bauprojekte mehrfach mit Preisen ausgezeichnet.

Die Solarsiedlung ist ein Teil des seit 1998 neu entstandenen Stadtteils Vauban, der auf einem ehemaligen Kasernengelände aus der französischen Besatzungszeit errichtet wurde. Auch er wird häufig mit dem Attribut Green City verbunden. Bei der Bebauung wurde Wert auf Energieeffizienz gelegt, ein Holz- und Gasblockheizkraftwerk liefert die Energie für das Quartier. Autoreduziert sollte der neue Stadtteil sein. Dazu schuf man zwei Parkhäuser, in denen Autobesitzer einen Platz erwerben müssen. Seit 2006 verkehrt die Straßenbahnlinie 3 im Quartier, wo sie drei Haltestellen bedient. Im Haus 037 ist ein selbstverwaltetes Stadtteilzentrum entstanden, und am Paula-Modersohn-Platz hat das Green-City-Hotel eröffnet, mit ökologischen Passivbauelementen errichtet und nach sozialen Aspekten geführt.

In jüngerer Zeit entstand das neue Rathaus im Stühlinger (ein Plusenergiehaus), das Fahrradnetz wurde erweitert, die Dreisam renaturiert. Und doch: Bei allem verdienten Lob darf Freiburg nicht vergessen, dass in der Zwischenzeit andere Städte aufgeholt haben und mit ähnlich innovativen Ideen punkten können. Trotz all der schönen Projekte wird bislang nur ein sehr geringer Prozentsatz des Stroms aus erneuerbaren Energien gewonnen. Daneben ist der »ökologische Fußabdruck« der Freiburger auch nicht weniger verschwenderisch als anderswo. Was nützt die gelungene Ökologie vor der Haustür, wenn die Umwelt in anderen Gebieten der Welt zur Erhaltung des eigenen Lebensstils zerstört wird? Es gibt also weiterhin viel zu tun, wenn man dem Attribut Green City gerecht werden will!

LÖWEN APOTHEKE

2011

Der Papst in Freiburg

Für Freiburg war es das größte Event aller Zeiten, als Papst Benedikt XVI. am 24. und 25. September 2011 für zwei Tage in der Stadt weilte. Mehr als 1600 Journalistinnen und Journalisten aus aller Welt setzten mit ihren Kameras den Pontifex nebst der Stadt Freiburg ins rechte Licht. Höhepunkt war ein Gottesdienst auf dem Flughafengelände, an dem rund 100 000 Besucher teilnahmen.

Und damit die nicht alle stehen mussten, wurden im Vorfeld 5000 Papstbänke aus Tannen- und Fichtenstämmen angefertigt, jede fünf Meter lang und rund 150 Kilogramm schwer. Inzwischen haben alle längst einen neuen Standort gefunden – etwa die mit der Nummer 0002, die im Garten des Erzbischöflichen Palais in Freiburg aufgestellt wurde. Die Nummer 0001 unter den Bänken wiederum ging nach Italien und lädt im Sommersitz des Papstes in Castel Gandolfo zum gemütlichen Verweilen ein.

Stehvermögen hingegen bewiesen rund 24 000 Menschen, die die Straße säumten, als Benedikt mit seinem gläsernen Papamobil durch Freiburgs Innenstadt vom Martinstor über die Kaiser-Joseph- und die Münsterstraße zum Hauptportal des Münsters fuhr. Auf dieser Fahrt handelte sich der damalige Chef des Vatikans neben Jubelrufen und Applaus eine Anzeige von einem aufmerksamen Dortmunder ein – wegen wiederholter Verletzung der Anschnallpflicht. Wenig überraschend wurde das Verfahren niedergeschlagen.

Eher unter Ausschluss der Öffentlichkeit verlief hingegen der Besuch von Gegenpapst Johannes XXIII. im März 1415, der aus gutem Grund wenig Wert darauf legte, Aufmerksamkeit zu erregen. Hintergrund für seinen Aufenthalt war die seit 1378 andauernde Spaltung der Kirche, die zur Folge hatte, dass Johannes XXIII. mit den Päpsten Gregor XII. in Rom und Benedikt XIII. in Avignon verbissen um die Vormachtstellung in der Kirche konkurrierte. Anders gesagt: Jeder betrachtete sich als rechtmäßiger Amtsinhaber, was auf Dauer natürlich keine Lösung war. Unter Druck des deutschen Königs Sigismund wurde das Konstanzer Konzil einberufen, doch Johannes XXIII. gelang es nicht, die Absetzung der anderen beiden Päpste zu erreichen. Im Gegenteil: Auch er sollte zurücktreten, um den Weg für die Wahl eines neuen Kirchenoberhaupts freizumachen.

Anstatt klein beizugeben, suchte der Gegenpapst als Stallknecht verkleidet sein Heil in der Flucht, um seine Macht zu erhalten. Sein Versuch, über Neuenburg am Rhein nach Burgund zu gelangen, wo er sich Unterstützung erhoffte, schlug jedoch fehl, und er musste unverrichteter Dinge nach Freiburg zurückkehren. Dort wurde er auf Befehl des Kaisers abgesetzt und in Haft genommen.

Als neuer Papst aus dem Konzil ging schließlich 1417 Martin V. hervor. Dieser begnadigte Baldassare Cossa, wie Johannes XXIII. im bürgerlichen Leben hieß, und ernannte ihn zum Kardinalsbischof. Lange Freude an seinem Amt war dem ehemaligen Gegenpapst nicht vergönnt, denn er starb nur ein halbes Jahr später in Florenz.

▲ Der Besuch des zwischenzeitlich verstorbenen Papstes Benedikt XVI. zählte zu den größten Events der Stadt. ▼ Rund 100 000 Menschen kamen zu einem Gottesdienst mit dem Papst.

Freiburger Aussicht am Schwabentor mit Universitätsturm und Martinstor.

St. Georgius patronus Friburgi

Literatur

Auf Jahr und Tag: Freiburgs Geschichte im Mittelalter, hg. v. Jürgen Dendorfer, R. Johanna Regnath, Hans-Peter Wirdman, Freiburg, Rombach-Verlag 2013

Auf Jahr und Tag: Freiburgs Geschichte in der Neuzeit, hg. v. Christiane Pfanz-Sponagel, Hans-Peter Widmann, Freiburg, Rombach-Verlag 2015

Auf Jahr und Tag: Leben im mittelalterlichen Freiburg, hg. v. Heinz Krieg, R. Johanna Regnath, Hans-Peter Widmann, Stephanie Zumbrink, Freiburg, Rombach-Verlag 2017

Botanischer Garten: www.botanischer-garten.uni-freiburg.de (abgerufen am 5.11.2021)

Sabine Frigge: Brauerei Ganter: 150 Jahre Brau-, Stadt- und Familiengeschichte, Freiburg, Rombach-Verlag 2015

Hans-Jürgen Günther: Mutig gegen den Hexenwahn, in: Badische Zeitung, 17.6.2008

Heiko Haumann und Hans Schadek: Geschichte der Stadt Freiburg, Band 1, Stuttgart, Verlag Konrad Theiss 1996

Heiko Haumann und Hans Schadek: Geschichte der Stadt Freiburg, Band 2, Stuttgart, Verlag Konrad Theiss 1994

Heiko Haumann und Hans Schadek: Geschichte der Stadt Freiburg, Band 3, Stuttgart, Verlag Konrad Theiss 1992

Jüdische Gemeinde: https://jüdische-gemeinden.de (abgerufen am 22.12.2020)

Michael J. Kaiser: Funfftusend Punder Korner, in: Fundberichte aus Baden-Würtemberg, Band 27, Stuttgart 2003, Seite 1045–1172 (gekürzter und veränderter Textauszug)

Peter Kalchthaler: Freiburg 2020: Das offizielle Jubiläumsbuch der Stadt Freiburg, Freiburg, promo-Verlag 2020

Konrad Kunze: Himmel in Stein: Das Freiburger Münster, Freiburg, Herder 1991

Merian: https://merian-schule.de/index.php?option=com_content&view=article&id=107&Itemid=821 (abgerufen am 3.1.2021)

Joachim Scheck, Magdalena Zeller: Das Freiburger Bächlebuch: Touren entlang der Freiburger Bächle und Runzen, Kirchzarten, Maienstein-Verlag 2002

Hans Schneider: Freiburger G'schichten: Bericht aus einer kleinen Großstadt, Freiburg, Promo-Verlag 1985

Seidenfabrik Mez: https://oberwiehre-waldsee.de/infotafel/seidenfabrik-mez (abgerufen am 3.1.2021)

Stattbuch Freiburg Dreyeckland: Politische Bewegungen in Freiburg und im Dreyeckland 1968 bis 1985, Freiburg, Walter-Marx-Verlag 1985

Strandbad: https://oberwiehre-waldsee.de/infotafel/strandbad (abgerufen am 6.11.2021)

Universität: https://uni-freiburg.de/universitaet/universitaet-im-ueberblick/geschichte (abgerufen am 20.12.2020)

Im Haus zum Walfisch an der Franziskanerstraße wohnte 1531 der Humanist Erasmus von Rotterdam.

Vitae

Anne Grießer, Jahrgang 1967, ist im badischen Odenwald geboren und aufgewachsen. Sie studierte Ethnologie und Germanistik, bevor sie sich dem Schreiben widmete. In den vergangenen Jahren hat sich die in Freiburg lebende Schriftstellerin und Entertainerin als Krimiautorin und Herausgeberin einen Namen gemacht. Neben ihren Romanen und Kurzgeschichten schreibt sie Reiseführer und Sachbücher zu kulturgeschichtlichen Themen.

Ute Wehrle, Jahrgang 1961, studierte Touristik-Betriebswirtschaft in Heilbronn und war viele Jahre als Redakteurin bei einer Tageszeitung tätig. Sie arbeitet als Journalistin und Krimiautorin.

Impressum

In diesem Buch wird aus Gründen der besseren Lesbarkeit das generische Maskulinum verwendet. Weibliche und anderweitige Geschlechteridentitäten werden dabei ausdrücklich mitgemeint, soweit es für die Aussage erforderlich ist.

1. Auflage 2024

Umschlaggestaltung: Björn Locke Curldesign, Herrenberg.

Layout und Satz: Silke Schüler, Portimão.
Lektorat: Michael Raffel, Tübingen.

Printed in Poland by CGS Printing.

ISBN 978-3-8425-2345-6

Ihre Meinung ist wichtig für unsere Verlagsarbeit. Senden Sie uns Ihre Kritik und Anregungen unter **meinung@silberburg.de**

Besuchen Sie uns im Internet und entdecken Sie die Vielfalt unseres Verlagsprogramms: **www.silberburg.de**

Bildnachweis

S. 10: Heiko Steuer; S. 21 oben, 45: Wikimedia Commons, CC0; S. 11, 17, 18/19, 21 unten, 25 unten, 30 oben rechts, unten, 36, 39 oben links, 42 oben links, 70, 81 unten, 106, 110 unten: Anne Grießer; S. 26 unten: Corpus Vitraerum Deutschland e. V.; S. 49 oben: Edelsteinschleiferei Wintermantel; S. 53: David Mark, Pixabay; S. 58, 61 oben, S. 119: Wikimedia Commons, Joergens.mi, CC BY-SA 3.0; S. 86 oben rechts und unten: Brauerei Ganter; S. 97: Couleur, Pixabay; S. 98: Wikimedia Commons, Landesarchiv Baden-Württemberg, CC BY 3.0; S. 109 oben: Robert Korn / Archiv Soziale Bewegungen; S. 109 unten: Leo Horlacher / Archiv Soziale Bewegungen; S. 110 oben: Archiv Soziale Bewegungen; S. 113: Ökostation Freiburg; S. 116/117: Wikimedia Commons, Jorge Franganillo, CC BY 2.0; alle anderen: Wikimedia Commons, gemeinfrei; Hans Jürgen Kugler; Ute Wehrle.

Cover: Hauptbild: Freiburg mit Münster, © Marina Lohrbach, iStockphoto; Einklinker von links nach rechts: Burgruine Freiburg-Zähringen, um 1850, gemeinfrei; Historisches Kaufhaus Freiburg, um 1900, gemeinfrei; Sternmarsch gegen das KKW Wyhl und das Bleiwerk Marckolsheim im August 1974, Leo Horlacher/Archiv Soziale Bewegungen; Hintergrundbild: Freiburg, Kupferstich Matthäus Merian 1644, gemeinfrei; Freisteller: Bertoldsbrunnen Freiburg, © Joergens.mi, Wikimedia Commons.